心纯见真。心灵纯洁的人，可以看清事物的真相，可以感悟宇宙的真理，可以取得远超自己想象的成功。

——曹岫云

稻盛和夫与中国文化

曹岫云／著

人民东方出版传媒

东方出版社

图书在版编目（CIP）数据

稻盛和夫与中国文化 / 曹岫云 著 . — 北京：东方出版社，2021.4

ISBN 978-7-5207-2101-1

Ⅰ.①稻… Ⅱ.①曹… Ⅲ.①稻盛和夫－企业管理－经验－关系－中华文化－研究 Ⅳ.① F279.313.3 ② K203

中国版本图书馆 CIP 数据核字（2021）第 043951 号

稻盛和夫与中国文化

（DAOSHENGHEFU YU ZHONGGUO WENHUA）

作　　者：曹岫云

责任编辑：张德军

出　　版：东方出版社

发　　行：人民东方出版传媒有限公司

地　　址：北京市西城区北三环中路 6 号

邮　　编：100120

印　　刷：北京文昌阁彩色印刷有限责任公司

版　　次：2021 年 4 月第 1 版

印　　次：2021 年 5 月第 2 次印刷

开　　本：880 毫米 ×1230 毫米　1/32

印　　张：7.125

字　　数：114 千字

书　　号：ISBN 978-7-5207-2101-1

定　　价：38.00 元

发行电话：（010）85924663　85924644　85924641

引言

为什么《活法》畅销 500 万册？

今年（2021 年）春节前夕，东方出版社告诉我一个喜讯：稻盛和夫先生所著《活法》一书的中文版的销量，已经突破 500 万册。听到这个消息，在高兴之余，2 月 7 日我禁不住发了一个 3 分多钟的视频，内容如下：

刚刚听出版社报告，《活法》这本书的中文版销量已经突破 500 万册，我很高兴。首先要向东方出版社的朋友们表示祝贺。你们辛苦了。

像《活法》这类谈人生哲学的书籍，10 年畅销 500 万册，平均每年 50 万册，据我所知，在最近 10 年内，这恐怕是唯一的。

经常有企业家给我发来热情洋溢的话语。他们说《活法》改变了自己的活法，改变了自己的人生观，改变了自己企业发展的轨迹，并且给包括自己在内的众多的企业员工及其家庭带来了幸福。他们的肺腑之言感动了我。

我认为，稻盛先生与其说是一位企业家，不如说是一位哲学家。他把自己事业的成功归结为一种哲学。这是真实的，这个话意味深长。

而这种哲学的核心又特别简单，用一句话来讲，就是判断一切事物的基准是：作为人，何谓正确？

换句话说，就是用善恶而不是用得失，对一切问题做出判断。

再换句话说，就是以"利他之心"待人处世干事业。

这种哲学用一个字来表达就是"爱"，用两个字来表达就是"利他"，用三个字来表达就是"致良知"，用四个字来表达就是"敬天爱人"，用五个字来表达就是"为人民服务"。

稻盛先生说，《活法》之所以在中国特别畅销，他的思想之所以在中国能被广泛接受，一个重要原因就是，自古以来，在这个世界上，在追求正确的为人之道，追求做人应有的姿态方面，中国人最为真挚。

10 年前，有一位企业家读完《活法》，深受感动，第二天给我打来电话，要求订购 7500 册，发给他的下属员工及经销商人手一册。后来还有一位企业家居然买了 10 万册，送给自己的员工、客户及所有的亲戚朋友。

随着稻盛利他哲学的普及和深入人心，我认为，《活法》的下一个 500 万册将不再需要 10 年。请大家拭目以待。

《活法》在中国如此畅销的原因是什么呢？稻盛先生的著作，在中国和日本之外的别的国家并不那么畅销，其原因何在呢？

说到原因，就有外因和内因之分，外因是产生变化的条件，而内因才是产生差异的根据。中国的内因在于中国文化的底蕴。自古以来，在追求正确的为人之道方面，中国人确实最为真挚，最为执着。

中国人不仅在"术"的方面，而且在"道"的方面，在世界范围内，一旦发现有优秀的榜样，就会拼命学习，并努力付诸实行。热心学习稻盛先生和稻盛哲学就是一个好例。

曹岫云

2021 年 2 月 8 日

目 录

第一章　经营的哲学要从中国圣贤那儿学　　001

　　　　日本向中国学习了一千年，而且中国的圣
　　　　人贤人是从"道"上，就是从根本的为人之道
　　　　上教我们的。中国古代思想文化对我的影响非
　　　　常之大。我（稻盛和夫）要把学习中国圣贤的
　　　　文化，应用于企业经营的经验，告诉中国的企
　　　　业家，让他们少走弯路。

第二章　深沉厚重和无私利他　　013

　　　　上至国家下至企业，任何组织，哪怕一个
　　　　非营利的学术机构，领导人是否"无私"，往往
　　　　决定了组织的死活、企业的盛衰，乃至国家的
　　　　兴亡。这是超越时代、超越国界、超越组织规
　　　　模的普遍规律。

第三章　"致良知"和"作为人，何谓正确？"　　037

　　　　良知在日本叫良心，用我（稻盛和夫）的

话叫"真我",真正的我就是良知。遵循良知判断事物,我认为这是绝对性的东西。到达良知的境界,将良知付诸实行,就是至今我所有事业成功的最大的原因。

第四章 "格物致知"和"致知格物" 063

从良知出发去解决各种问题,才是王阳明的"致知格物",当然其中也包括为了人类的幸福去发明创造。用稻盛先生的话来说,就是"把作为人应该做的正确的事情,用正确的方法贯彻到底"。

第五章 用良知唤醒良知 073

阳明先生可以唤醒"山中贼"的良知,把他们变为良民;稻盛先生可以激发三万两千名日航员工的良知,只用了短短一年,就把一个世界航空界最差的公司变成了一个最好的公司。

第六章 "天人合一"和"宇宙意志" 093

阳明先生所说的"天、地、万物与人原是一体",就是所谓"天人合一",而这个"天人合一"的"一",不是别的,就是"良知"。这同稻盛先生说的"真我即宇宙"是一回事。

第七章 "实事求是"和"心纯见真" 101

科学实验和企业经营都要求"实事求是"。求到"是"之后,能不能对照"作为人,何谓正确？"这一根本性的原理原则，把这个"是"，也就是把真理贯彻到底，却与追求者的"心"是否纯粹有关。"心纯见真"，清澈纯粹的心灵可以看见事物的真相。心灵不纯粹，或者说忽视人格道德，单纯突出科学理性，结果是不能坚持真正的"实事求是"。

第八章 "知行合一"和"唯物主义"   121

稻盛先生信奉科学合理的思维方式，他创建了充分适合经营实际的会计七原则和阿米巴经营模式。与此同时，他又兼备关爱他人的利他之心和不惧怕困难的燃烧的斗魂。从这个意义上讲，稻盛先生不但是实事求是的模范，而且他还是一位无所畏惧的彻底的唯物主义者。

第九章 《了凡四训》揭示的法则   137

稻盛先生年轻时，在拼命工作的同时，还拼命思考"人生是什么"这个问题。不久，他读到了《了凡四训》，知道了人生由命运法则和因果法则这两条法则交织而成。他感觉豁然开朗，到这里为止，人生是什么，这个疑团解开了。

第十章 "敬天爱民"和"敬天爱人"   175

中国文化对于稻盛先生乃至对于日本民族的影响有时是潜移默化的，是润物细无声的。出自阳明心学信奉者西乡隆盛的"敬天爱人"

是稻盛先生最喜欢的格言，也是稻盛先生创建
的京瓷公司的"社是"，就是公司信条。我们
请稻盛先生题字，他一般都会写下"敬天爱人"
这四个字。稻盛先生一辈子遵循这一信条，从
不动摇。

第十一章 "以德为本"和"孝为德本" 187

稻盛先生对中国的优秀文化情有独钟，在
他的著作和讲演中，中国圣贤思想的影响随处
可见。《易经》《孔子》《孟子》《老子》《菜根
谭》《呻吟语》"阳明心学"等经典中的格言警
句，稻盛先生不仅经常引用，而且贯彻实行。

后记 213

第一章

经营的哲学要从中国圣贤那儿学

2008 年由美国"次贷危机"引发的金融风暴席卷全球。针对这场世界性的危机,《拯救人类的哲学》(日文版)一书问世。这是稻盛和夫先生和梅原猛先生的对话集。因为这本书出得很及时,很有针对性,书名又具有冲击性,我就花了一个月的时间将它翻译成中文。而出版社希望,与此同时出版一本稻盛先生应对经济危机的书。

稻盛先生经历过 20 世纪 70 年代两次石油危机,20 世纪 80 年代的日元升值危机,20 世纪 90 年代的日本泡沫经济危机,在新世纪初,又经历了 IT 泡沫危机。

而在每次危机过后，稻盛先生的企业都大一圈两圈。

稻盛先生不仅是一位杰出的企业家，更是一位卓越的思想家。稻盛先生喜欢深思熟虑，善于从复杂的现象中抓住事物的本质，善于把深刻的思想用朴实的语言表达出来。用思想家的头脑将企业家的经验提炼归纳，上升到理论的高度，然后再用这种理论指导经营实践，让企业更好地发展。这是稻盛先生的一项重要工作。

稻盛先生有关经济危机的讲演资料，我手头都有。我选择了其中六篇译编成书。书名定为《在萧条中飞跃的大智慧》。

趁这两本书出版的机会，同有关方面商定，由我出面，专程去日本，邀请稻盛先生来清华大学、北京大学讲演。稻盛先生欣然应允。

2009 年 6 月 9 日，在清华大学，稻盛先生的讲演题目是《把萧条视为再发展的飞跃台》。稻盛先生论述了他应对经济危机的六条经验。现场听众反应热烈。

讲演结束后有个答疑环节。有一位企业家提出了一个挑战性的问题：美国的谷歌比你日本的京瓷发展得更快。我们中国企业应该向谷歌学习，还是应该向你们京瓷学习？

稻盛先生答道：

在管理方法上，在发展模式上，应该向富于创造性的美国学。但是，金融危机也是从美国发源的，其中充满了虚假。因此，经营的方式方法虽然应该向美国学习，但经营的根本思想、经营的哲学应该向中国的圣人贤人学习。

这个智慧的回答获得了满堂喝彩。

第二天，即 6 月 10 日，在北京大学，稻盛先生以《经营为什么需要哲学》为题，发表了一小时的讲演。在讲演临近结束时，他讲了这么一段话：

京瓷之所以成功，就像刚才我所介绍的，是因为京瓷具备了正确而明确的经营哲学。而且不仅仅停留在纸上，包括我在内的所有员工都真挚地、一丝不苟地、不断地实践这种哲学。我确信这才是京瓷成功的原因。

然而，这种哲学追根溯源，是自古以来从中国受到的教诲，是我们在与贵国长期友好交往中学到的。

比如，中国古代典籍中有"德胜才，谓之君子；才胜德，谓之小人"这句话。这是强调"德"的重要性的格言。

"积善之家，必有余庆"是强调做善事的重要性的格言。

"满招损，谦受益"是强调谦虚的重要性的格言。

这类经典的格言不胜枚举。正是这些格言昭示了作为人应该走的正道，是我们在日常生活中、在事业经营中，必须重视的道理。遵循这些道理，依据作为人的正确的"思维方式"行事，就能获得成功。反之，就不能成功，更谈不上取得长期持久的成功了。

然而，这些重要的道理，在现在的日本已经被淡忘。比如只获得小小的成功，就陶醉起来，失却了谦虚，变得傲慢不逊，得意忘形，为所欲为。其结果，就是丧失了好不容易得来的成功。这样的经营者层出不穷。

这种现象并不只在日本一个国家发生，而是富裕的发达国家共有的弊病。在中国，或许也出现了同样的问题。

稻盛先生回日本以后，他谈到了在清华大学和北京大学的这两次讲演。他说：

那是我在中国有代表性的大学，即清华大学和北京大学讲演时发生的事情。讲演会大受欢迎。在清华大学，讲演结束后，要求我在我的中文著作上签名的学生、市民都涌了上来，直到保安队出动。

在北京大学，让我感到意外的是，北京大学国际MBA学院的院长提出，要把我的《活法》当教科书来使用。院长先生这么说：

"到现在为止，我们使用的教科书是以美国哈佛商学院为中心的美国MBA的教材。但是，美国现在拜金主义横行，发生了各种舞弊丑闻，社会也出现了混乱。中国的经济界也问题多多。在这种情势下，听了您的讲演，我确信，中国的企业也应该以您倡导的高尚的哲学去经营。我认为，今后北京大学也要把您的有关经营哲学的书籍作为教材来使用。"

院长的话表明，在中国有良知的经营者和经营学学者们，已经意识到过了头的资本主义和市场经济主义，已经到了转折的关头，应该到了追求以"德"的精神经营企业的时候了。

为什么很多中国人对我的经营哲学会产生共鸣呢？

"德"这个概念原来就是从中国传入日本的。其起源可追溯到春秋战国时代。中国以孔子为代表的圣人贤人，他们之所以倡导正确的"为人之道"，是为了警戒世人。因为在治乱兴亡、反反复复的历史中，人心荒废，一味追求"利己"的人增加了。

现代也同样，在利己主义蔓延的时代，许多中国人都觉得："这不对头！"这才认为我的经营哲学正好适用。从这个意义上讲，我在中国倡导的"利他"经营哲学，对于中国人来说等于"出口转内销"。或许是这个原因吧，我在中国朋友那里听到这样的感慨：

"对以《论语》为代表的、中国圣贤留下的格言我们都知道，虽然有些比较艰涩难懂，但我们往往只把这些警句格言贴在墙上当装饰用，在自己的实际生活中却不能真正地使用。但是，你把这些思想变成了活的东西，用通俗易懂的语言表达出来。所以，从大学教授到企业经营者，年轻人以至孩子，从城市人到乡村人，都能理解，都能共鸣，而且可以在自己的经营和生活中应用。"

我认为，这个话可以看作对我们培育的、根源于"德"的崇高精神的赞美。我们没有把从中国传入的"德"的概念当成装饰品，而是在日常生活中应用，扎下根来，像宝贝一样继承下来。

这一正在日本实践的"德"，在中国正在被重新评价。在经济高速发展、GDP 跃升为世界第二位的中国，市场经济主义走过了头，招致了社会的扭曲，而矫正这种社会弊病的就是这个"德"。当狂奔暴走的"强欲贪婪的资本主义"走到尽头的时候，在直面这个现代社会的时候，用"德"的概念作为治世之方，不是最有说服力吗？

从上面这段话可以看出，稻盛先生对在清华大学和北京大学的讲演及其现场反应，印象非常深刻。他还对这件事情的背景做了确切的、触及事物本质的说明。

北京大学的这个讲座安排在晚餐后，讲演活动结束后，稻盛先生余兴未尽，在附近的文津宾馆同我喝酒聊天。这时，他主动提议，可以同我合办一家公司，通过这家公司来向中国的企业家传播他的经营哲学和实学。

稻盛先生说：

日本向中国学习了一千年，而且中国的圣人贤人是从"道"上，就是从根本的为人之道上教我们的。我要把学习中国圣贤的文化，应用于企业经营的经验，告诉中国的企业家，让他们少走弯路。

后来，有一位中央电视台的记者当面向稻盛先生提问说：

您的哲学中包含了许多中国古代思想，您经常引用《孔子》《孟子》《易经》中的观点，中国文化对您哲学的形成究竟有多大影响？

稻盛先生回答说：

确实如此，中国古代思想文化对我的影响非常之大。在中国的古代典籍中可以看到，几千年前中国就出现了非常杰出的思想家、哲学家。什么是正确的为人之道？人的心灵应有的状态是什么？他们都有非常精辟的论述。而这些对于形成我自己的思想哲学影响至深。从这个意义上说，我对中国古代的典籍，对中国先贤圣人们的教诲，非常佩服，非常崇敬。

从上面的论述中，以及我与稻盛先生的交往中，我觉得，对于中国，稻盛先生一直抱有两种情结。

一种就是"报恩情结"。稻盛先生受中国圣贤文化影响深入骨髓，可以说他的成功与中国文化血脉相连。因此，他念念不忘，想把他实践中国圣贤文化的成功经验传递给改革开放后的中国企业家。

同时，正因为稻盛先生把中国古代的经典用活了，让中国的优秀文化在现代商业社会大放异彩，所以我们中国人、中国的企业经营者才会感到特别亲切，特别受用，特别感动。

另一种我称之为"赎罪情结"。在第二次世界大战中，日本侵略了中国，给中国带来了巨大的灾难。作为当时还是儿童的稻盛来说，他当然没有任何责任。但作为一个日本人，他希望能够为中国做一些力所能及的补偿。

1999 年 10 月，稻盛先生去南开大学讲演。南开大学是在二战中遭到日军炮火轰炸的大学。尽管稻盛先生一贯旗帜鲜明地批判日本军国主义，但这次他却作为一个日本国民，为日本侵略中国，当场向南开大学的师生表示谢罪。

稻盛先生为中日友好做出了许多贡献。2004 年中国有关方面授予他"中日友好使者"的称号。接着他又受邀到中央党校讲演。而在这次清华大学、北京大学讲演后不久，他被特别邀请参加国庆 60 周年的庆典。在中日关系紧张的时期，这是十分罕见，十分难得的。

稻盛先生向我提议成立公司，我直截了当提出公司以"稻盛和夫"命名。他居然当场同意。京瓷在日本和海外有一两百家机构，从来没有用过"稻盛和夫"的大名。这也可见稻盛先生的"中国情结"多么深厚。

第二章

深沉厚重和无私利他

当中日关系陷于僵局、"增信释疑"处于困难之际，2004 年 4 月 4 日，中国有关部门特授予日本京瓷和日本第二电信电话公司名誉会长稻盛和夫先生"中日友好使者"之称号，并于 4 月 6 日，邀请他到中央党校讲演。

资本主义邻国日本的经营者，到社会主义中国的执政党——中国共产党——培养高级干部的中央党校演讲，这件事本身就相当耐人寻味。

中央党校邀请稻盛先生讲演绝非偶然。稻盛先生对以美国为代表的现代资本主义的弊端有深刻的洞察。

同时，他对中国一方面坚持社会主义方向，一方面导入市场竞争机制，抱着殷切的期待。

当时西方各界纷纷质疑中国，认为社会主义和市场经济水火不容，格格不入。但稻盛先生却认为，社会主义和市场经济不是对立的，而是可以互相促进并融为一体的。他说：

> 所谓市场经济，无非是主张生产要服从市场需求，无非是按市场规律，来调动和配置人、财、物等各种资源。而社会主义主张人与人之间的平等，主张每个人的基本权利都得到保证，使人们在物质和精神两方面都得到满足。

他甚至认为，社会主义市场经济是中国的创造，是中国对世界经济和人类社会的一个重大贡献。

稻盛先生由衷希望中国的这个创造获得成功。正因为如此，在讲演中，稻盛先生特别提醒中国在引进市场经济的过程中，要竭力避免在美日等国出现的政商各界的腐败和舞弊现象。

所以在这次讲演中，稻盛先生煞费苦心，旁征博引。

　　首先，稻盛先生提到了日本阳明学的信奉者西乡隆盛。稻盛先生说：

　　西乡隆盛是我最尊敬的一位历史人物。西乡的座右铭"敬天爱人"一直被京瓷奉为社训，并渗透到全体员工的心中。

　　关于领导人应有的品格，西乡曾有过如下阐述：

　　"置自己的生命、名誉、地位、财产于不顾的人物，最难对付。然而，领导人不达到这种无私的境界，最终难成大业。"

　　就是说，若要成就大事，必须抛弃一己之私，以无私之心投入事业。

　　我认为，西乡的这种哲学思想超越时代，现在也同样适用。

　　他的话告诉我们，身为领导人，应该戒除利己之心，勇于自我牺牲。它强调了领导人"无私"的重要性，一旦为私心所蒙蔽，人就无法做出正确的判断。尤其在今天，各界的领导人应该超脱私心，持有符合于"大义名分"的判断基准，率领集团前进。我认为，这是包括国家在内，所有集团走向繁荣的基础条件。

因为稻盛先生这次讲话的对象是中国的高级干部，在强调领导人重要性的时候，稻盛先生引用中国宋代著名诗人苏轼之父苏洵的一句话：

夫国，以一人兴，以一人亡。

稻盛先生一贯强调领导人的重要性。他说：

上至国家下至企业，任何组织，哪怕一个非营利的学术机构，领导人是否"无私"，往往决定了组织的死活、企业的盛衰，乃至国家的兴亡。这是超越时代、超越国界、超越组织规模的普遍规律。

接着，稻盛先生又引用了中国明代思想家吕新吾在《呻吟语》中的话：

深沉厚重是第一等资质。

所谓深沉厚重，就是性格厚重，品质高尚，善于思考事情本质。

吕新吾下面两句话是：

磊落豪雄是第二等资质。

聪明才辩是第三等资质。

据我所知，在我们的语文老师，包括那些对中国传统文化有相当造诣的人中间，知道吕新吾和他的《呻吟语》，知道他有关领导人资质的这三句话，并拿出来讨论的人，简直是凤毛麟角。而稻盛先生随手拈来，并指出正是因为第三等资质的人，就是那些聪明能干、口齿伶俐的人当上了各级领导人，所以组织和社会才会混乱。

稻盛先生继续引用中国古代思想家的格言。他说：

《易经》中说，"积善之家，必有余庆"。这是阐述行善的重要性，就是说，积善之家代代都有幸运相伴。

《书经》中说，"满招损，谦受益"。就是说，骄傲自满者将遭受损失，谦虚者则会获得利益。

稻盛先生指出：

这些绝不是过时的"陈词滥调",而是领导人带领集团乃至国家走向成功,并使成功得以持续的哲学。

所谓稻盛哲学,其核心内容与上述中国圣贤的思想完全是一脉相承。而在中国加入 WTO 不久,稻盛先生在中央党校,对中国高级干部的讲话,今天想来,稻盛先生是多有慧智之明。

同时,根据稻盛先生当时的观察,中国如此快速发展,必将很快成为领先世界的经济大国和军事大国。于是他又引用孔子的话:

君子坦荡荡,小人常戚戚。

同时,他还指出:

"君子"不仅指个人,而且也指国家。希望到那时,中国强大以后,也要体现孔子所讲的"君子"风度,即有宽广的胸怀,富有同情心,谦逊,并与邻国友好相处。

最后，稻盛先生还引用孙文于 1924 年在日本神户有关"王道和霸道"的讲话，精彩而又确当：

孙文先生说道，西洋的物质文明是科学的文明，后来演变成武力文明，并用来压迫亚洲，这就是中国自古以来所说的"霸道"文明。亚洲有比这优越的"王道"文化。王道文化的本质就是道德、仁义。你们日本民族在吸收欧美霸道文化的同时，也拥有亚洲王道文化的本质。日本今后面对世界文化的未来，究竟是充当西洋霸道的看门狗，还是成为东洋王道的捍卫者，取决于你们日本国民的认真思考和慎重选择。

遗憾的是，日本没有倾听孙文的忠告，结果一泻千里，陷于霸道而不能自拔。

我衷心希望，不久的将来必将成为经济大国、并拥有强大军事实力的中国，一定不要陷入自己一贯否定的霸道主义，以中国自古以来一直强调的"以德相报"的胸襟，亦即遵循王道，治理国家，从事经济活动。

一个邻国日本的经营者，登上中央党校的讲坛，旁征博引中国古圣先贤的教诲，精准地运用中国文化的真髓，推心置腹，与中国的高级干部交流。这样的事情不说是绝后的，至少也是空前的吧。而作为一个彻底追求"正确思考和正确行动"的哲学家，稻盛先生的思想和语言是超越时代的。

附

稻盛和夫在中央党校的讲演要录

大家好，我就是刚才承蒙介绍的稻盛和夫。

今天，有机会在具有历史传统的中央党校，对肩负着中国未来重任的各位作讲演，我深感荣幸。

中国 2003 年的经济增长率达到了 9.1%，日本的媒体对此也有报道。2001 年 12 月，中国以正式加入 WTO 为契机，巩固了自己作为世界经济中重要成员的地位。今后，中国经济将会取得更大的发展。

据悉，围绕着入世问题，最初，许多企业家曾对入世后可能遇到的问题表示担心。入世后，在所有领域内，中国企业都会被要求遵守全球化规则，由此可能产生各种摩擦。我想这就是担心产生的原因。

诚然，随着与海外强有力的企业之间竞争的加剧，中国必须处理过剩人员以及庞大的负债问题，并淘汰一些生产率较低的国营企业。据说有不少企业经历了由这些变化而带来的阵痛。

但是，忍受这种痛苦，中国抱定信念推进经济与产业的结构改革，最终许多中国企业都实现了快速发展。

温家宝总理在不久前的政府工作报告中指出，"今年的增长目标为7%左右"。我认为，中国经济的发展步伐不会停止，而且会加速向前发展。

不过，另一方面，伴随着经济的发展，无疑将会出现威胁到将来发展的新问题。诸如人民币汇率的上升，贸易摩擦的激化，劳动力成本的增加，物价上涨，地区间贫富差距的扩大，失业率的上升，以及环境污染等问题，中国必将面临许多新的课题。

其中，最为吃紧的课题就是，不断发生的企业和官僚的渎职和腐败。对此，中国政府正在全力进行防止和抑制，然而，我认为产生这些坏事的根本原因是在人们的心里。

敬天爱人

我创建的京瓷集团，45 年来持续发展壮大。对此，海内外的企业家和经营学学者常问："京瓷为什么能够一直保持成功呢？"我总是回答："因为京瓷具有正确而且明确的经营哲学，并为全体员工所共有。"

京瓷之所以成功，有人说是因为有了先进的技术，有人说是因为赶上了潮流，但我认为这些观点都不正确。

京瓷具有正确的经营哲学，全体干部、员工都理解和接受这种哲学，把这种哲学变成自己的东西，在此基础之上，大家团结一致，共同做出"不亚于任何人的努力"，获得成功后，不失谦虚之心，继续努力，不断获取更大的成功。

我是理工科出身，从事京瓷这家新公司的经营时，我一直考虑：既然对于经营我一无所知，那么不如回到原点，以"作为人，何谓正确？"——也就是说，以好坏、善恶作为基准，去判断一切事物。尔后，我就只用这一个基准，不断做出各种各样的判断。

正还是不正，善还是恶，这是最基本的道德规范，是孩童时代父母和老师天天教授的道理。如果以此作判断基准的话，那么我是清楚的，我能够掌握。当时我就有这种自信。

现在回想起来，不是依据经营的经验和知识，而是以这种最基本的伦理观、道德律为基础去从事经营活动，正因为如此，才取得了今天的成功。

将目光转向当今世界的经济界，我们看到许多企业因为缺乏这种伦理道德，所以舞弊和丑闻频发，结果被社会无情地淘汰出局。

做虚假财务报表的美国安然公司、美国世界电信公司，以及采取冒充、欺骗手段的日本雪印食品公司等等，这些曾经风光一时的企业，从丧失道德伦理发展到作弊，被媒体曝光后，迅即名誉扫地。

上述例子说明，经营者被私心所蒙蔽而导致经营失误，就会给整个集团带来灾难。从这个意义上讲，掌握企业经营之舵的经营者，必须摆脱私心的束缚，随时做出公正的判断。

当然，不仅是企业，治理国家也一样。就是说领导人必须摒弃私利私欲，以利他之心即无私之心思考问题。胡锦涛所说，"立党为公，执政为民"，无非也是强调，作为领导人决不能持有私心。

说到领导人的无私，我立即想起西乡隆盛这个人，他是推动日本从封建国家向现代国家转变的明治维新时期的革命功臣。

西乡隆盛是我最尊敬的一位历史人物。西乡的座右铭"敬天爱人"一直被京瓷奉为社训，并渗透到全体员工的心中。

关于领导人应有的品格，西乡曾有过如下阐述：

"置自己的生命、名誉、地位、财产于不顾的人物，最难对付。然而，领导人不达到这种无私的境界，最终难成大业。"

就是说，若要成就大事，必须抛弃一己之私，以无私之心投入事业。

我认为，西乡的这种哲学思想超越时代，现在也同样适用。下面请允许我继续引用。

"在国政的大堂上，堂堂正正从事政治活动，与行天地自然之道一样，不可夹杂半点私心。无论遇到什么情况，必须保持公平之心，走光明大道，广纳贤才，让忠实履行职务的人执掌政权。这样做就是替天行道。同时，一旦发现比自己更为胜任的人物，就应该立即让贤。"

"只爱自己，就是说，只要对自己有利就好，对别人如何不必考虑，这种利己的思想，是做人的大忌。治学不精，事业无成，有过不改，居功骄傲，所有这些，都由爱己过度而生，都决不可为。"

这些话告诉我们，身为领导人，应该戒除利己之心，勇于自我牺牲。它强调了领导人无私的重要性，一旦为私心所蒙蔽，人就无法做出正确的判断。尤其在今天，各界的领导人应该超脱私心，持有合于大义名分的判断基准，率领集团前进。我认为，这是包括国家在内，所有集团走向繁荣的基础条件。

以上所述是作为一名日本企业家的个人见解，如果能为诸位所理解，我将感到十分荣幸。

社会公正推进经济发展

纵观历史，我们发现，构筑了现代世界经济基础的资本主义，起源于基督教社会，特别是伦理教义非常严格的新教社会。就是说，早期资本主义的倡导者都是虔诚的清教徒。

他们为了贯彻有关"邻人爱"的精神，日常生活尽量俭朴，他们崇尚劳动，将企业所获利润用于社会发展是他们的信条。"为社会、为世人做贡献"，就是他们这些清教徒，也就是初期资本主义的伦理规范。

早期资本主义的倡导者，即早期的企业经营者，他们对资本主义的理解是：通过经济活动实践社会正义，为人类社会的进步发展做出贡献。即资本主义是"为社会积善的体制"。可以说，正因为具有高尚的道德理念，初期的资本主义才得以高速发展。

然而，具有讽刺意味的是，本来是资本主义发展原动力的伦理道德，随着经济的发展却日趋淡薄，企业经营的目的以及经营者个人的人生目的，蜕变成只为自己的利己主义。制约人内心伦理规范的丧失，导致先进的资本主义社会趋向堕落。

尤其是日本，因为缺乏像欧美诸国那样的基督教的社会背景，二战以后，人们一味追求经济上的富裕，而对道德、伦理以及社会正义的重视程度急剧下降。正如刚才所说，人们虽然获得了经济上的富裕，但是社会却偏离了资本主义的本意，陷入颓废。

　　资本主义的本意绝不是只要赚钱就可以为所欲为。只有具备了严格的精神规范，资本主义才有可能正常地发挥它的机能，自由竞争的经济活动才能成立。我认为，这一观点同样适用于引入了社会主义市场经济的中国。

　　旁观中国，我们看到贵国一面坚持社会主义体制，一面实行改革开放政策，经济正在高速增长。中国的经营者们正以市场经济一样的自由度从事经济活动，经济的繁荣举世瞩目。

　　正如象征资本主义的"美国梦"一样，如今理想中的"中国梦"也层出不穷。谁都有成功的机会，受到周围成功者的刺激，抱有"自己也要成功"这种进取心的人正在中国大量涌现。人民的热情、人民的能量正推动中国蓬勃发展。

弃霸道，行王道

　　每次访华，看到中国的高速发展，我都十分震惊。但是我真诚地希望贵国能够避免在日本和其他发达国家发生过的问题，希望中国今后能够持续高速发展。

那么，究竟如何做，才能避免我们曾经陷入过的悲剧，避免因利己心恶性膨胀而招致的人心荒废，而让国家健康发展呢？

我认为，作为社会一员的领导人，必须拥有普遍意义上正确的道德观和价值观，并体现在自己的言行之中，在人民中率先垂范。

据我所知，在中央党校内，各种面向高级干部的培训课程十分重视人格的形成和道德教育。我认为，国家要健康发展，最重要的是要确立在集团中担负领导责任的领导人的道德观念。

领导人道德水准低下，将会给组织带来重大影响。11世纪中国北宋时代的大诗人苏轼之父、大学者苏洵曾一语道破："夫国，以一人兴，以一人亡。"从这点上讲，人类的历史甚至可以视为领导人的历史。

有关领导人的资质，中国明代思想家吕新吾花了30年时间，在81岁才完成的宏著《呻吟语》中讲，"深沉厚重是第一等资质"。

就是说，领导人最重要的资质是：具备时时深入思考问题的厚重的性格。

同时，吕新吾在《呻吟语》中还讲，"聪明才辩是第三等资质"。就是说，"聪明能干，巧于辞令"不过是第三等资质。

然而，不论东洋、西洋，当今世界，只具备第三等资质，即"聪明才辩"的人被选为领导人，这种现象相当普遍。

诚然，这种人作为能人，可以发挥他们的作用，但他们却未必拥有优秀领导人所应具备的高尚人格。

我认为，日本以及许多社会之所以混乱，就是因为只具备第三等资质的人登上了各界领导岗位。为了创造更美好的社会，最重要的就是选拔像吕新吾所说的第一等资质者，即具有高尚人格的人担任各界的领导人。

为了提高以领导人为首的全体国民的道德水准，首先整个社会必须有尊重正义和公正的伦理规范。幸运的是，中国自古以来就存在这样的规范。至今仍然受到中国人民尊敬的历代有关的政治家、诸多的思想家们，他们曾不断向民众阐释作为人、特别作为领导人所应具备的品德和资质。

例如，《易经》中说，"积善之家，必有余庆"。这是阐述行善的重要性，就是说，积善之家代代都有幸运相伴。

此外,《书经》中说,"满招损,谦受益"。就是说,骄傲自满者将遭受损失,谦虚者则会获得利益。

这些绝不是陈词滥调,而是昭示正确的生存之道的真理,也是人们日常生活中最应重视的"道理",也正是指引集团乃至国家走向成功,并使成功得以持续的"哲学"。

领导人应率先学习这些古训,并努力付诸实践。这是提升国家整体道德水准的前提。领导人以身作则,国民纷纷仿效,这些古训就会作为全体国民的道德观最终得以确立。

拥有这种哲学,即拥有坚定的伦理观和道德律的集团,就一定能得到顺利的发展。换言之,只要具备这种价值观和判断基准,就一定能够获得成功。

最后,已经跻身经济大国之列的中国,拥有与经济实力相对应的强大军事实力的中国,需要掌握与这种大国身份相匹配的崇高的道德,成为世界各国的榜样。这是中国应尽的责任。希望诸位理解这一点。

孔子曰:"君子坦荡荡,小人常戚戚。"被称为君子者,总能襟怀坦白,心境平和,不会像小人那样胸襟狭窄,斤斤计较。

我认为这里所讲的"君子",不仅指个人,而且指国家，就是说，中国作为一个真正的大国，在强大以后，也要体现孔子所讲的"君子"风度，即有宽广的胸怀，富有同情心，谦逊，并与邻国友好相处。

这也就是中国革命先行者孙文先生所提倡的"弃霸道，行王道"。

孙文先生1924年在日本神户的讲演中说道，西洋的物质文明是科学的文明，后来演变成武力文明，并用来压迫亚洲，这就是中国自古以来所说的霸道文明。亚洲有比这优越的王道文化，王道文化的本质就是道德、仁义。你们日本民族在吸收欧美霸道文化的同时，也拥有亚洲王道文化的本质。日本今后面对世界文化的未来，究竟充当西洋霸道的看门狗，还是成为东洋王道的捍卫者，取决于你们日本国民的认真思考和慎重选择。

遗憾的是，日本没有倾听孙文的忠告，结果一泻千里，陷于霸道而不能自拔。

我衷心希望，不久的将来必将成为经济大国、并拥有强大军事实力的中国，一定不要陷入自己一贯否定的霸道主义，以中国自古以来一直强调的"以德相报"的胸襟，亦即遵循王道，治理国家，从事经济活动。

我想，这与江泽民所强调的实现"德治"国家的思想是一致的。

中央党校，曾经培养出了众多继承中国共产党的理念、具有卓越才能的领导人，他们领导了 20 世纪后半叶的中国。

在结束此次讲演之前，我衷心祝愿中央党校能够人才辈出，不仅培育 21 世纪的中国领导人，而且培育世界性大国的领导人，为使中国成为受到人民尊敬、受到世界各国尊敬的大国做出贡献。

2004 年 4 月 6 日

第三章

"致良知"和"作为人，何谓正确？"

2013 年 10 月 14 日在成都，稻盛先生第七次接受中央电视台采访。主持人说，稻盛先生在自己的著作和讲话中，经常提到自己的思想哲学受中国圣贤的影响很大，能不能举例说明。

稻盛先生不假思索，脱口而出，他说：

核心的一条就是"致良知"，就是达至良知，按良知办事。良知在日本叫良心，用我的话叫"真我"，真正的我就是良知。遵循良知判断事物，我认为这是绝对性的东西。到达良知的境界，将良知付诸实行，就是至今我所有事业成功的最大的原因。

采访当时，我就在稻盛先生身边，听他这么讲，我的第一反应是：墙内开花墙外香。

稻盛先生目光如炬，他一下子就抓住了阳明心学乃至整个中国传统文化的精髓。

稻盛先生话语简短，分量重千斤：

1. 稻盛先生受中国圣贤影响，不是"术"的层面，而是根本之道。这个"道"就是从孟子首倡的良知之说，到王阳明的完整的"致良知"学说。

2. 致良知就是达至良知，按良知办事。

3. 良知就是真我。真正的我就是良知，换句话说，人的本质即真正的我，是那个真善美的我，不是那个假丑恶的我。

4. 遵循良知判断事物，就是把良知作为判断事物的基准。

5. 稻盛先生甚至认为，把良知作为判断事物的基准，这是"绝对性"的东西。稻盛高度认同"良知即天理"这句话，而所谓"天理"就是绝对性的东西。

6. 而到达良知的境界，将良知付诸实行，就是稻盛先生至今所有事业成功的最大的原因。

7. 既然"真我"即真正的我就是良知,就是真善美,那么,将我们人的这个本质特性发挥出来,将良知、真善美发扬光大,不就是我们人本来应尽的义务吗?

我认为,理解了稻盛先生这段话的含义,就理解了稻盛哲学的核心,也就理解了中国传统文化的精华,理解了这二者之间血脉相通的关系。

当然,真正的理解必须付诸实践。我们许多企业经营者之所以相信稻盛哲学,之所以喜欢"致良知"学说,就是因为他们认真实践了,并在亲身实践中证明了这种哲学、这种学说的正确有效。

凡是对中国传统文化有所了解的人,都知道王阳明的"致良知"。但是,作为知识知道了是一回事,有没有付诸实行是另一回事。而阳明先生断言:

未有知而不行者。知而不行,只是未知。

而要真正地知,要到达良知的境界,自觉地将良知付诸实行,就是自觉地依据良知对一切事物做出判断,也就是要"致良知",谈何容易?

实际上，在龙场大悟之前，就连王阳明自己，也没能做到这一点，没能达到自觉地致良知的境界。尽管当时他已经是一个出类拔萃的人物。

王阳明出身书香门第，他的祖父、父亲都是高级知识分子，父亲还中了状元当了官。所以称他官二代也好、富二代也好，都未尝不可。但他从小就聪明绝顶，简直就是神童。

山近月远觉月小，便道此山大于月。

若人有眼大如天，还见山小月更阔。

年仅 11 岁就写出了这样的诗句，让人不可思议。

然而，更让人称奇的是，幼年进私塾读书，居然藐视一般读书人的常识和思维定势，认为"读书登第"不是第一等事，他的学习目的很明确，就是"读书学做圣贤"。

所以在两次会试失败后，他语出惊人：

世以不得第为耻，吾以不得第动心为耻。

不仅这么说，他还付诸实行。因听说圣人有"格物之学"，所谓"一草一木，皆涵至理"。他就连续七天"格竹"，格得精疲力竭。虽然没有格出什么名堂，但那种追求万物"至理"，也就是追求终极真理的劲头非同寻常。

阳明先生不仅努力学习，刻苦钻研，不断思索反省，还积极投身于各种社会实践。他投入之深，可用"沉溺"两字形容：

> 初溺于任侠之习，
>
> 再溺于骑射之喜，
>
> 三溺于辞章之好，
>
> 四溺于神仙之道，
>
> 五溺于佛氏之学。

这"五溺"很能反映阳明先生的性格。他凡事认真，投身实践，积极求道，年纪轻轻就阅历丰富，遍历政治、军事、文章、诗词、儒教、道教、佛教，乃至指挥劳工做建筑。他用"一棒一条痕，一掴一掌血"来形容自己做事认真的程度。

而所有这些努力，目的无非是追求圣人之道，实现他当圣人的抱负。

这样的王阳明自然疾恶如仇。当时以奸臣刘瑾为首的"八虎"以权谋私，大肆腐败，无法无天。有人揭发他们，他们就倒打一耙。看到这种情形，王阳明当然会挺身而出，仗义执言。特别是看到当时的皇帝在奸臣的操纵之下，陷害忠良，居然把一批说真话的谏官统统逮捕。王阳明忍无可忍，不惧引火烧身，奋笔疾书，写了一篇《乞宥言官去权奸以章圣德疏》（乞求赦免谏官，割除权奸，以彰显圣德的上书）。

这篇上书尽管正义凛然，理直气壮，但同时又字斟句酌，滴水不漏。

然而，昏庸的皇帝和恶贯满盈的权奸是不讲道理的。王阳明被"廷杖四十"，后又被贬谪到当时的荒蛮之地贵州修文的龙场任驿长。对于一个社会声望很高的知识分子来说，这是奇耻大辱。

龙场处于万山丛棘之中，还有毒虫瘴气，阳明先生水土不服，与少数民族语言不通。出身江南水乡、书香门第的阳明先生到此穷乡僻壤，连如何生存也成了一个问题。当时连他的随从也生病了。

"圣人处此，更有何道？"天性乐观又一心追求圣人之道的阳明先生居然很快适应了环境，而且过得愉快而充实。他"未尝一日之戚戚"，没有一天心情是灰暗的。

从繁华的京城到如此蛮荒之地，别的人难免心随境转。而心烦意乱的直接结果，就是浑身的细胞趋向萎靡，导致免疫力下降，病毒趁虚而入，这就容易生病。

但阳明先生不仅不悲观，还把临时栖身的山洞戏称为"玩易窝"。他认为当地尚未开化的少数民族，虽然落后，却善良淳朴，乐于助人。比起京城里那些阴险奸诈的政治对手，同他们打交道简直是一种享受。在此时此境中，王阳明能够抱这种心态，就是超凡脱俗了。

然而，一直到此时，阳明先生仍然没有开悟。

为什么？用阳明先生自己的话来说，就是当时，他对生死杂念"一时尚未了断"。杂念未了，就开不了悟。这是阳明先生宝贵的经验。

某天，阳明先生在"玩易窝"中打坐。在清心静气，摒除了一切杂念之后，他就感觉"心中洒然"起来，所谓"洒然"，就是清爽洒脱，心情愉悦。在如此恶劣的环境中，阳明先生的精神居然进入了"洒然"的状态，这是为什么？外界实在没有任何事物，可以让此时此地的阳明先生的心情"洒然"起来。那么"洒然"是从何而来的呢？

无论如何也要追到那个"圣人之道"，这是渗透到阳明先生潜意识的执着的、强烈的、持久的愿望。

就在此时此刻，在"玩易窝"，在纯净的心态下，在追究"洒然"从何而来时，阳明先生突然开悟了：

> 忽中夜大悟格物致知之旨，寤寐中若有人语之者，不觉呼跃，从者皆惊。始知圣人之道，吾性自足，向之求理于事物者误也。

先说"寤寐中若有人语之者"，这一句很值得注意。如果在寤寐中有人对王阳明说话，那么这个人是谁呢？

对此我饶有兴味，因为我曾经问过稻盛先生：

> 您的判断基准，人生方程式，那么好的想法，究竟是怎么想出来的呢？

稻盛先生回答说：

> 有时半夜醒来，觉得好像有人对自己说话，而这些话就我自己的经历来讲，我是说不出来的。

至于是谁对他说话，稻盛先生笑而不语。

这个问题就谈到这里，有兴趣的朋友可以继续思考下去，共同探讨。

那么，在龙场悟道的时候，一直到这个时候，阳明先生才"始知"所谓"圣人之道"究竟是什么。就是说，在这之前，他没有真正理解什么是圣人之道，不知道圣人走过的道路是什么，不知道该从哪里去追寻圣人之道。尽管在许多事情上，他实际上已经在按照圣人之道行事，但并不那么自觉。

在到达龙场之后，他"未尝一日之戚戚"。在"玩易窝"的山洞中打坐，居然又产生了"洒然"的感觉，而且抑制不住。那么，洒然的感觉是从哪里来的呢？既然此时此地外界没有任何事物值得他高兴或者说洒然，那么这种洒然只能来自自己的内心深处，就是只能从"吾性"中来，所以"吾性自足"。

既然洒然不是从外界的事物中来的，既然这种有关自己心灵的根本性的道理也不可能从外界的事物中来，那么，"向之求理于事物者"，当然是"误也"。

苦境中的洒然是吾性中良知的闪光，此时此地闪烁的良知，触发了思想家王阳明的灵机，阳明先生开悟了。

刻苦学习，努力实践，以追求圣人之道，这是良知；坚持正义，不惜自我牺牲也要为忠臣辩护，这也是良知；在艰难困苦中保持乐观，这又是良知；事实上王阳明一直在自觉不自觉地遵循良知行事。

然而，尽管实际上已经在按良知行事，但这些都是出于自然状态的朴实的思想行为。因为没有提升到哲学的高度，这种程度的良知，很难成为处理一切事情的出发点，很难成为高度自觉的思想和行为。

想成为圣人，经历千辛万苦寻求的那个"圣人之道"，原来就在自己的心中啊，原来就是自己一贯以来一直遵循的良知啊！

后来，阳明先生还做诗自嘲，反省过去格竹时的"颠倒见"。

人人自有定盘针，
万化根源总在心。
却笑从前颠倒见，
枝枝叶叶外头寻。

开悟后的王阳明就此进入了"良知哲学"的境界。进入这样的哲学境界，意味着王阳明可以很自觉地把所有的问题处理妥当。所以他又说：

> 心即理也，此心无私欲之蔽，即是天理，不须外面添一分。以此纯乎天理之心，发之事父，便是孝；发之事君，便是忠；发之交友、治民，便是信与仁。只在此心去人欲、存天理上用功便是。

人心中的良知就是天理，按照良知办事就符合了天理。从天理良知出发去处理一切事情，把良知发挥到极致，这就是王阳明的"致良知"。

妨碍致良知的是"私欲之蔽"。所谓私欲就是利己之心。人没有私欲、没有利己之心，就无法生存，但私欲和利己心过了头，就会蒙蔽良知，以致看不见事情的真相，导致错误和失败。而人的私欲和利己心一不注意就会过度。因为过度的私欲就是那个"心中贼难破"，所以需要有意识地时时对照良知，也就是用利他之心，进行判断，采取行动，这就是王阳明的"致良知"。到这里，可以说阳明先生进入了良知哲学的境界。

那么，稻盛先生是如何达到同阳明先生一样的崇高的哲学境界的呢？

稻盛先生在小时候可没有阳明先生那样幸运。他出生在一个平民的家庭，父母只有小学文化，因为忙于生计，无暇顾及孩子的学习。加上孩童时代的稻盛热衷于与小朋友们玩游戏，不肯用功读书，所以小学毕业考初中，连续两年没有考上当地的鹿儿岛一中；在这期间他还患上了肺结核，曾经面临死亡的威胁；刚进初中时，家里的房屋遭到美军的轰炸，变成一片废墟，他只能逃难到乡下；后来，高中毕业考大学，也没考上想考的大阪大学，只考上了没有名气的地方大学——鹿儿岛大学；大学时很用功，但临近毕业却找不到工作，在沮丧和迷茫中，他还差一点跨进"暴力团"的大门；后来经老师斡旋，好不容易才进了京都的一家陶瓷企业——松风工业公司。不料这家企业连续十年亏损，已经处在银行的托管之下，连正常的工资也不能按时发放。与稻盛先生一起进厂的4个大学生先后辞职，只剩下稻盛一个人，他也想跳槽，却无处可去；因为牢骚不断，进厂后大约半年期间，他在工作上一事无成……由此可见，年轻时的稻盛先生可谓挫折连连。

在走投无路的情况下，稻盛先生想，既然发牢骚无济于事，改变不了自己的处境，那就改变自己的心态，先投身于眼前的研究，把本职工作做好再说吧。于是，他就排除杂念，全力以赴，聚精会神做实验。不久他的研究就有了成果，领导表扬他，他对研究工作也产生了兴趣，于是就更加努力，所以成果就更大。他的工作和人生开始进入了良性循环。在这种状态下，仅仅一年，他就发明了一种陶瓷新材料，并在商品化的过程中，获得了重大突破。

研究精密陶瓷的难点是缺乏黏性的陶瓷粉末的成型问题。在反复实验、反复思索的过程中，因为偶然踩到一块石蜡，稻盛先生顿生灵感，从而解决了当时这个世界性的难题。

我把这种灵感称为"科学的灵感"。

在思考这种灵感的来源时，稻盛先生回顾过去的半年，因为牢骚不断，心神不宁，工作做不好，更谈不上什么灵感。另外，在做实验时，如果想到实验成功的话，就会得到表彰、升职提薪等等，一有这类杂念进来，解决问题的灵感就出不来。

科学实验的目的是追求事物包含的真理。能不能追求到这种真理，却同自己心灵的状态密切相关。而把研究对象，也就是外界事物包含的真理，同自己心灵的状态相连接，把这"两个东西"联系在一起。这可非同寻常。

我把这称为"哲学的灵感"。

就是说，稻盛先生具备"科学的灵感"和"哲学的灵感"这双重的灵感。这是前无古人的。

而这时候，稻盛先生还只有二十五六岁，还只是松风工业公司一个小小的科长。

努力工作，达到极点；发明新材料，开发新产品；组织批量生产，供给客户，替代进口，填补国内空白；同时帮助企业脱困。稻盛先生所做的这一切，既是尽到了一个技术人员的义务和责任，也是为企业、为社会做好事。换句话说，就是在按良知行事。但就工作内容而言，主要属于科学技术范畴，对象是精密陶瓷这种"物"。应该说相对单纯。

当工作对象涉及"人"时，情况就有点复杂。

当时这家企业经常拖欠工资，但加班费倒能及时发放。于是许多部门白天有活不好好干，故意拖到晚上加班做，以便拿到加班费。但稻盛先生却在自己的部门禁止加班。他的理由很简单：

新产品刚刚投产，如果大家都混加班费，产品成本必然增加，企业利润减少不说，必然降低产品的市场竞争力。控制加班就是控制成本，产品有价格优势，物美价廉，就能吸引更多的客户订单。订单多了，到时再加班不迟，这种加班才有价值。在此之前必须严格控制加班。

稻盛先生这时还不是企业经营者，但他的经营者意识比公司老板还强烈。但因为其他部门都在混加班费，自己部门工作最辛苦，贡献最大，却没有加班和加班费，难免有人发牢骚，对稻盛表达不满，但稻盛不肯妥协。

另外，由于这家企业多年亏损，工资不高，福利太差，工会经常组织罢工。但稻盛先生的态度却完全相反，他埋头在实验室，废寝忘食，加班加点，还不要一分钱加班费。而且他认为，因罢工停止生产，销售降低，企业收入减少，只会增加企业的赤字，哪来钱增加工资，改善条件。通过罢工改变待遇的目的根本不可能达到，这样的罢工没有意义。更重要的是，罢工中断生产，就不能按照承诺向客户供货，失信于客户将会招致严重的后果。一旦企业因此而倒闭，遭殃的首先是工人自己。所以稻盛先生抵制罢工，并说服自己部门的员工继续生产。这就得罪了工会某些激进分子。这些人骂稻盛是工会的叛徒，是公司的走狗，但稻盛先生坚持自己的信念，毫不动摇。为此稻盛先生还遭到激进分子的批斗和围攻。

明明自己是正确的，却要遭受打击，稻盛先生很痛苦。他说：

> 公司的工作不顺利，人际关系不和谐。宿舍背后有一条小河，河边一排樱花树。黄昏时分，我常常独坐河畔，吟唱童谣《故乡》。我的心伤痕累累，隐隐作痛。我不知道怎样缓解这种痛苦。借着放声高歌，想着父母兄妹还在家乡打拼，于是鼓起精神，唱得有足够勇气投入明天的工作，我才回到宿舍。

第二天早晨，宿舍的同事嘲笑说，"稻盛昨夜又哭鼻子了"。稻盛先生说："我没哭啊，只是唱歌而已。"同事说："只听你唱得那么悲伤。"

同阳明先生一样，稻盛先生坚持正义，不屈不挠，这是遵循良知；为了让企业扭亏为盈，稻盛先生夜以继日，拼命钻研，而且开发出了新材料、新产品，成了这个企业唯一的盈利部门，这更是了不起的"致良知"的行为。特

别是他把发明创造时产生的"科学的灵感"同自己纯净的
心态相结合，产生了"哲学的灵感"，更是非同凡响。

但是，尽管如此，这时候还不能说，稻盛先生已经进
入了王阳明开悟后的那种境界。

那么，在什么时候，稻盛先生才真正达到了那种崇高
的、所谓"良知哲学"的境界呢？

阳明先生开悟进入哲学境界，很有传奇色彩，他是半
夜突然开悟的，当时他惊呼而起，以致让周围的人吃惊
不小：

忽中夜大悟……不觉呼跃，从者皆惊。

而稻盛先生呢？如果说是开悟的话，除了因为突然的
灵感发明新材料之外，我认为，一直到想出人生方程式，
树立判断事物的基准，才标志着稻盛先生进入了真正的良
知哲学的境界。

首先是人生方程式，又叫成功方程式。

稻盛先生27岁创业时的28名员工中，除了他是一个
地方大学的毕业生之外，20名是初中生，还有几名是高中
生，原来是他的部下。大家都是能力平凡的人，但都渴望

成功。

那么，能力平凡的人怎样才能取得不平凡的成功呢？稻盛先生苦苦思索。

他思考周围失败的人和成功的人。首先想到的是自己那个聪明但很失败的叔叔。同时他又想到成功的代表人物松下幸之助，松下只有小学文化，怎么会取得那么巨大的成功呢？稻盛先生还思考自己在松风打工时，心态转变前后的巨大反差。

在反复思考的过程中，他就想出了这个精彩绝伦的方程式。

$$人生·工作的结果 = 思维方式 \times 热情 \times 能力$$
$$(-100 \sim +100) \quad (0 \sim 100) \quad (0 \sim 100)$$

或者

$$成功 = 思想/人格 \times 努力 \times 能力$$
$$(-100 \sim +100) \quad (0 \sim 100) \quad (0 \sim 100)$$

就是说，决定我们人生的最重要的三个要素是能力、热情和思维方式。

开始时，稻盛先生认为，在人生中，一个人具备的

"能力"最重要。这也是一般人的看法。能力也确实很重要，但是看到自己的叔叔虽然有能力，却因为懒惰而一事无成，稻盛先生就觉得人的"热情"更加重要。无论如何要完成任务，无论如何要把工作做好，像火一般燃烧的热情，或者说，持续的"努力"比能力更重要。但后来稻盛又想到还有一个比热情更重要的要素，就是"思维方式"。

这个方程式有两个特点。

第一个是成功三要素之间是乘法，不是加法。

因为这三要素之间是乘法，所以人生的结果差异可以很大。

第二个是思维方式（思想／人格）这一要素有正有负。

因为"思维方式"有正负，它决定了另外两个要素即"热情"和"能力"发挥的方向，所以"思维方式"是这个方程式的核心要素。

"思维方式"是什么？思维方式这个词日文叫"考え方"。直译为"思考方法"或"想法"。稻盛先生在不同场合分别把它解释为价值观、人生观、伦理观、哲学、思想、人格、理念、信念、意识、精神、心、心态、态度、情绪、愿望，等等。中文中很难找到一个对应的单词，可以包括这么多的含义。

后来稻盛先生又说，思维方式就是"判断基准"，这个判断基准从利己到利他，可以从负 100 到正 100 打分。

稻盛先生说：

在 27 岁时我创立了京瓷公司。那么年轻当然没有经营的经验，同时因为是技术出身，对经济知识和企业会计更是一窍不通。然而，既然当了经营者，既然开展了事业，就必须对接踵而来的各种问题做出判断。

虽说是一个只有 28 名员工的小公司，但是"这件事怎么办""那件事如何搞"许多事情都需要我的裁决。虽然没有经营知识和经验，但作为经营者，却必须对部下提出的各种问题做出判断，判断的基准应该放在什么地方呢？我感到非常苦恼。

当时，公司非常弱小，只要自己的判断有一次失误，公司就可能很快失败。一想到此，我就因为担心而连日夜不能寐。左思右想，烦恼之余，我得出了如下的结论：

因为自己对经营一无所知，所以就以"作为人，何谓正确？"作为判断基准。就是说，以作为人是正确还是不正确，是善还是恶作为经营的判断基准。

作为人，对还是错，好还是坏，善还是恶，这是最基本的道德规范。而且从中引申出来的正义、公正、公平、勤奋、谦虚、正直、博爱等等，这些都是从孩童时代起，父母、老师教导我们的、最朴实的伦理观。

如果用这些伦理规范作为判断事物的基准，我觉得自己能够理解，能够掌握。于是，我就以"作为人，何谓正确？"作为判断基准，来处理京瓷经营中的各种问题。

现在回想起来，我深深地体会到，正是依靠这样一个最基本的伦理观和道德律来开展经营，京瓷才能获得今天的成功。

为什么呢？因为这种思想不是出于经营者的私利私欲，所以能够获取员工的共鸣。员工们从内心理解并接受，所以创业之初，尽管公司规模很小，也不知道公司明天将会怎样，即使在这种情况下，员工们也能够为了公司的发展自觉地、不遗余力地拼命工作。

判断事物有统一的基准，而且这个基准十分简单，就叫"作为人，何谓正确？"。

第一次听稻盛先生这么说，我有一种过去从未体验过的感动和感激，这种感觉很难用语言表达。我甚至觉得周围的景物都一下子变得清晰明朗起来。因为我过去从来没想到过，在自己的生活、工作和经营中遭遇的一切问题，都可以基于这一基准，做出正确的判断。而如果没有遇到稻盛先生，凭我自己的水平，无论如何也不可能而且永远也想不到那个高度上去。因此，从那一刻起，在庆幸之余，我就认定，这位稻盛先生就是自己的精神导师。

后来，稻盛先生又用"尺子"这个测量物体长度的基准，更形象地说明他的判断基准：

　　领导人每天都要听取部下各方面的汇报请示，并做出决断。另外，回家以后，妻子也会有事同你商量，你也要做出判断。

　　判断，就是将问题与自己心中的那把"尺子"相对照，然后做出决定。

　　然而，有的人心中却没有这样的"尺子"。因为自己没有判断用的尺子，所以只能借助世间的常识、先例、习惯，或他人的建议，来代替自己做判断。

　　还有人持有"自我中心"的尺子，把对自己有利还是有损作为判断的基准。这虽然也是一种基准，但他们只能做出利己的判断。

人生是一个接一个的判断的积累。如果能够不断做出正确的判断，就能度过一个美好的人生。为此，必须持有判断用的"尺子"，也就是哲学。

这种哲学就是公正、正义、诚实等，就是做人的正确的人生观。必须把这种人生观作为判断基准乃至人生的"尺子"。

良知就是这样的"尺子"。阳明先生说：

夫良知之于节目时变，犹规矩尺度之于方圆长短也。

这是阳明先生在 400 年前说的话。这话的意思同稻盛先生的说法简直一模一样。

那么，作为人，何谓正确呢？

作为人应该正直不应该虚伪；作为人应该勤奋不应该懒惰；

作为人应该谦虚不应该傲慢；作为人应该勇敢不应该卑怯；

作为人应该知足不应该贪婪；作为人应该乐观不应该悲观；

作为人应该自利也利他，不应该损人利己、损公肥私。

作为人，何谓正确？这一判断基准，换句话说，就是判断基准不是得失，而是善恶。

而这正是王阳明的"致良知"。阳明先生说，"知善知恶是良知，为善去恶是格物"。

稻盛先生的"作为人，何谓正确？"，就是王阳明的"致良知"。稻盛先生的"把作为人应该做的正确的事情以正确的方式贯彻到底"，就是阳明先生的"致吾心之良知于事事物物"。

我认为，到这里为止，稻盛先生进入了与阳明先生一样的、崇高的"良知哲学"，或者说"利他哲学"的境界。

有人在我的微博上说："稻盛和夫就是王阳明的转世，不过东渡日本罢了。"看到这个说法，我禁不住莞尔一笑。

第四章

"格物致知"和"致知格物"

有人说阳明先生的龙场大悟是"终极之悟"，这是为什么呢？比较前人，所谓阳明心学，它突破了什么呢？

我们可以从三个方面来说明。

王阳明突破前人的第一个方面，就是对所谓"格物致知"的解读，这极其重要。

阳明先生："忽中夜大悟格物致知之旨。"

这个格物致知，以前的圣贤不是早就反复论述过了吗？难道他们讲得不对吗？这个"格物致知之旨"怎么还要王阳明"中夜大悟"才能搞明白呢？王阳明讲的"格物致知"与前人讲的"格物致知"究竟有什么不同呢?

关于格物致知,"四书"中的《大学》是这么说的:

> 古之欲明明德于天下者,先治其国;欲治其国者,先齐其家;欲齐其家者,先修其身;欲修其身者,先正其心;欲正其心者,先诚其意;欲诚其意者,先致其知,致知在格物。
>
> 物格而后知至,知至而后意诚,意诚而后心正,心正而后身修,身修而后家齐,家齐而后国治,国治而后天下平。

在这里,《大学》把"致知在格物"作为最后的归结点。

然而,阳明先生在龙场大悟时却是这么说的:

> 忽中夜大悟格物致知之旨……始知圣人之道,吾性自足,向之求理于事物者误也。

《大学》强调"致知在格物",也就是"求理于事物"。

而王阳明却强调："圣人之道，吾性自足，向之求理于事物者误也。"

阳明先生年轻时曾经"求理于事物"。"阳明格竹"七天七夜，就是求理于"竹"这个事物，结果惨败。这个七天七夜，对于阳明先生来说是刻骨铭心的。

正因为如此，龙场大悟时，阳明先生才得出了"求理于事物者误也"的结论。

"阳明格竹"的目的，不是研究竹子的生长规律或者竹子的特性，而是想通过"格竹"，"格出"万事万物都包含的"至理"，就是那个"天理"，用现代的话来说，就是"宇宙的根本规律"。而"格竹"的方法，就是目不转睛，死死盯住竹子，观察它的动向，希望从中获得启示。

我们先看看稻盛先生是怎么研究精密陶瓷的吧。研究精密陶瓷也就是"格陶瓷"。稻盛先生"格陶瓷"的结果，是格出了"又一个新石器时代"。

阳明先生"格竹"失败，稻盛先生"格陶瓷"成功，差别在哪里呢？

差别在于时代和历史的不同。500多年前的明代，中国还没有"科学"这一思维方式。缺乏科学实证和逻辑推导的思维方式，这不仅是阳明先生，而且是整个中国传统文化的缺陷。

稻盛先生研究陶瓷，目的很明确，很具体，就是要创造一种适用于高频电流的新型陶瓷。而这么设定科学实验的具体目的，是必需的第一步。方法自然是反复做实验，而不是死死地盯着某个陶器发呆。实验中会发生各种现象，从观察实验中的现象着手，努力抓住现象背后的本质，从而解决问题，达到预定的目的。

稻盛先生抓住了新型陶瓷的本质，掌握了它的生产规律，开发成功了各种各样市场需求的新产品，并由此创造了又一个"新石器时代"。

用特殊的陶瓷粉末，用各种方法做实验，从实验现象中抓住陶瓷的本质，掌握它的特性和规律，从而解决问题，这个过程就是所谓"格物致知"。从这个意义上说，"致知在格物"这个说法是不错的。

但是，这里的"格物致知"的所谓"知"，是特殊陶瓷的本质、特性和规律，同阳明先生"格竹"时想要追求的那个"知"，就是万事万物都包含的那个"至理""天理"，或者说"宇宙的根本规律"，还不是一回事。

正如牛顿发现的三大运动定律是自然规律，可以说属于所谓"天理"的一部分吧。但也不是阳明先生想要追求的那个"天理"，那个"宇宙的根本规律"。

近千年来，有人统计，在科学界，在数学、物理、化学等各种领域，有 5000 条左右的原理或定律。其中，占世界人口大约 20% 的中国，在这方面的贡献率还不到 1%。这固然值得我们深思，发现这些原理定律虽然伟大，但这些同中国文化中讲的那个"天理"，或者说"究天人之际，为生民谋福利"的那个圣人之"道"，还不是同一个概念。

依据这些原理定律，发明各种器具和机械，包括电灯电话、汽车火车、飞机火箭、收音机电视机，乃至手机网络等等，创造了灿烂的现代文明。从原理定律出发，创造出各种各样的器物，这个过程可以称之为"致知格物"。但这同阳明先生的"致知格物"含义也不一样。

阳明先生这么说：

> 若鄙人所谓致知格物者，致吾心之良知于事事物物也。吾心之良知，即所谓天理也。致吾心良知之天理于事事物物，则事事物物皆得其理矣。

龙场大悟时，阳明先生说的是，"忽中夜大悟格物致知之旨……"。

但是在这里，阳明先生把"格物致知"变成了"致知格物"，"格物"和"致知"的前后位置调换了一下。这个调换大有深意。

因为这段话实在太重要，太有指导价值了，所以我斗胆用白话将它的意思翻译：

鄙人王阳明所主张的所谓致知格物，就是用我心中的良知去处理各种各样的事情。我心中的良知就是所谓的天理。用我心中的良知，也就是用天理去处理各种各样的事情，那么，在每件事情上都可以找出它的具体规律，从而体现出天理良知，都可以得出符合天理良知的一番道理。

由此可见，王阳明所讲的"致知格物"，强调从人本有的"良知"出发，去处理和解决各种实际问题。而这么去做，就能得出符合天理良知的一番道理。

阳明先生在龙场大悟后所做的一切事情，包括兴办学堂、平叛剿匪、著书立说（由他人编辑）等等，无一不是"致吾心之良知于事事物物"。这才有了《传习录》《王阳明全集》这样的传世之作。

而稻盛先生呢？在确立了"作为人，何谓正确？"的判断基准以后，他是怎么实践这一基准，怎么用这个基准去处理实际问题的呢？也就是如何"致知格物"的呢？

判断基准确立不久，重大的考验很快到来。

稻盛先生创立京瓷公司的目的是"技术问世"。但是，这个目的没有获得员工的共鸣。在创业第三年，刚进公司一年的 11 名高中生，对工资待遇和劳动条件不满，与稻盛先生展开集体交涉，并威胁如果不答应他们的条件，就要集体辞职。

创业不久的企业缺乏经济实力，稻盛先生不能违心地答应他们的条件。稻盛先生苦口婆心，花了三天三夜，终于说服了他们。但是，这次艰难的交涉却深深地刺痛了稻盛先生的心。他认识到，"技术问世"这个创业目的，听起来不错，其实只是为了实现自己个人的抱负。这种狭隘的个人愿望，本质上仍然是一种私欲。京瓷公司不是显耀稻盛和夫个人技术的场所，更不是经营者一个人发财致富的地方，而是要对员工及其家属现在和将来的生活负责，京瓷公司应该成为全体员工共同追求幸福的场所。

稻盛先生毅然决然转变了企业的经营理念，把"技术问世"的企业目的改变为：

在追求全体员工物质和精神两方面幸福的同时，为人类社会的进步发展做出贡献。

作为人，何谓正确？在企业和员工的关系上，稻盛先生交出了完美的答案。明确了这个企业目的，就为京瓷公司的腾飞打下了坚实的基础。此时的稻盛和夫才 29 岁。

从良知出发去解决各种问题，才是王阳明的"致知格物"，当然其中也包括为了人类的幸福去发明创造。用稻盛先生的话来说，就是"把作为人应该做的正确的事情，用正确的方法贯彻到底"。

第五章

用良知唤醒良知

王阳明突破前人的第二个方面，就是"用良知唤醒良知"。

王阳明特别强调良知不但人人具备，而且人人具足；不但人人具足，而且从帝王将相到平民百姓，所有人的良知都是一样的，没有高低之分，没有任何区别，区别仅仅是觉悟了没有。而真正觉悟的人很少，所以社会才会混乱。因此，阳明先生诗云：

个个人心有仲尼，

自将闻见苦遮迷。

而今指与真头面，

只是良知更莫疑。

这就是说，虽然人人心中都有个孔子，良知具备且具足，但这个良知却很容易被从本能和闻见而来的私欲所遮迷，以致许多人终生执迷不悟。

所以阳明先生不免感叹：

谁人不有良知在，

知得良知却是谁？

然而，毕竟每个人的良知具备且具足，因此，由良知觉悟的人来启发良知尚未觉悟的人，换句话说，"用良知唤醒良知"，这是可能的。而"用良知唤醒良知"，这是一个天大的课题。

在这方面，阳明先生和稻盛先生给我们做出了卓越的榜样。

阳明先生的《告谕浰头巢贼》，就是"用良知唤醒良知"的经典。这篇可以留名青史的、让人叹为观止的宏文，闪耀着天理良知的光辉。因为它触及人的内心深处，所以甚至在 400 年后的今天，与当事人毫不相干的我们，现在来读它，也不免感动流泪，禁不住拍案叫绝。

阳明先生要破的所谓"山中贼"，其中许多人是被压迫欺负得走投无路的农民。阳明先生致力于做失足的所谓"山中贼"的思想工作，并获得了成功。从中我们还可以看出，只有官府和百姓都努力破除自己的"心中贼"，社会才能长治久安。

为了让缺乏古文功底的人也能毫不费力地读懂这篇妙文，并领会良知的力量，我试着将它翻译成现代汉语：

本官是巡抚，职责是消灭盗贼，保境安民。

我一上任，就听说你们多年来流窜乡村，杀人越货，受害的百姓天天都来告状。

本来想立刻调动大军剿灭你们，因为先要征伐福建的贼寇，所以准备等着回军的时候，顺便把你们的老巢端了。想不到福建的盗贼很快就荡平了。斩获七千六百多人。审过之后发现，带头作恶的也就四五十人，跟着他们干坏事的也不过四千余人，其余都是良民，只是一时被胁迫而已。这让我不禁悲从中来。

想必在你们的盗贼窝里，也一定有被胁从的人。况且，听说你们中也有人出身大户人家，其中甚至还有了解时势、明白理义的人。自从我上任后，还没派过一个人，来给你们讲讲情势，说说道理。如果现在突然带兵将你们歼灭，就等于不教而杀，那以后我一定会于心不安，会遗憾终生的。

所以呢，今天特意派人来告诉你们，别自以为兵多力强，比你们兵强势壮的贼寇有的是。也别自以为占据的地形有多险要，比你们占据更险要地形的也有的是。现在他们已经统统被消灭了，一个不剩。你们难道没有听过吗？

说起来，人人都觉得可耻的职业，莫过于当盗贼了。大家都感到愤怒的事情，莫过于遭盗贼抢掠了。今天要是有人指着你们鼻子骂你们是盗贼，你们一定会勃然大怒。那你们怎么能心里厌恶盗贼之名，实际却干着盗贼的勾当呢？要是现在有人烧你家房子，抢你家财产，霸占你的妻子女儿，你肯定会恨之入骨，宁死也要报仇的。那你们对别人这么做，别人会不仇恨你们吗？

人同此心，这个道理你们也懂。你们之所以走到这一步，想必也有不得已的苦衷。也许是被官府压迫，也许是被土豪侵害，一念之差，一时冲动，就误入了歧途，后来就不敢轻易回头了。

你们的痛苦，值得同情。但这也是因为你们不懂悔悟所致。当初你们去做盗贼，是活人寻死路，倒去得挺干脆的。如今要改恶从善，乃是死人求活路，你们反而不敢，这是为什么啊？

如果你们能像当初去当盗贼那么干脆，现在拼死也要回来，改行从善，我们官府又有什么理由，非要杀你们不可呢？你们久染恶习，杀人杀惯了，自然猜忌心很重，信不过我们。很难明白我们这些知书达理的人，无故杀一鸡犬尚不忍心，更何况人命关天。如果轻易杀人，冥冥之中，必有报应，祸害殃及子孙后代，这样的事情，我们何苦要做呢？

为你们着想，每当想到这里，我就整夜整夜睡不着觉。也无非是想给你们找一条生路。但若是你们死不悔改，我不得已带兵把你们灭了，这就不是我要杀你们，而是老天爷要杀你们。不过，要说我一点都不想杀你们，那也是骗你们的；但要说我非要杀你们不可，那也不是我真实的想法。

你们现在虽然在干坏事，但一开始也是善良的百姓啊！就像父母有十个孩子，八个善良，两个狡诈，这两个狡诈的要害那八个善良的。父母之心，就要把这两个坏的除掉，以让其他八个好的安全。本来十个都是自家孩子，父母怎会非要狠心杀死这两个呢，因为不得已啊！现在我同你们的关系，也正是如此。

如果这两个孩子一旦弃恶从善，哭着前来忏悔，做父母的也必然会可怜他们，接纳他们。为什么？不忍心杀死自己的孩子，乃是父母的本性。现在顺了父母的本性，能有什么比这还高兴、还幸福的事儿呢？现在我同你们的关系，也正是如此。

听说你们当盗贼也蛮辛苦，但收入并不多，有的人还吃不饱、穿不暖。你们为何不把辛苦做贼的这股劲头，用来种田，或者用来经商呢？那样不但可以发家致富，而且可以心安理得。可以放心纵意，在城市观光；可以优哉游哉，在田野行走。哪里会像现在，担惊受怕，出门要躲避官府，要防范仇家；回到巢穴又害怕官军前来围剿诛杀，只好潜身藏形，掩盖行迹，忧苦终生；最终还得家破人亡，妻儿受辱。这有什么好处呢？请你们好好想一想吧。

如果能听从我的劝告，改恶从善，我就把你们看作良民，当作好人来对待，不再追究你们过去的罪行。像叶芳、梅南春、王受、谢钺这些人，如今我已经一概把他们当作良民看待了，难道你们没有听说?

你们要是执迷不悟，恶习不改，那也是你们的自由。不过到时候，我从南方调集广东广西的地方武装，从西面调集湖北湖南的军队士兵，亲率大军去围剿你们。一年消灭不了那就两年，两年消灭不了那就三年。你们财力有限，我方兵粮无穷。到时哪怕你们都像老虎插上翅膀，谅你们也逃不到天地之外!

呜呼! 我哪里是真想杀你们啊! 但你们要残害我百姓，让他们寒时无衣，饿时无食，居住无房，耕种无牛，让他们父母死亡，妻离子散。我想让百姓躲避你们，可是他们的家园被你们侵占，他们已无处可躲;我想让他们送些钱财给你们，可是他们的家资被你们抢光，他们已无钱财可送。你们不妨替我想想，换位思考的话，我实在也不能不把你们消灭干净。

我现在派专人前去安抚你们，晓谕你们，赐予你们一些牛、酒、银两和布匹，让你们的妻儿与你们团聚。其余人多，无法全都顾及，只能各发一篇通告。

你们好自为之吧。我的话已经讲完了，我的心也已经尽到了。讲到这个程度，要是你们还不听的话，那就不是我对不起你们，而是你们对不起我了。到时我就没有什么遗憾了。

呜呼！百姓都是我的同胞，你们本来也都是好人。如果我最终无法说服你们，不能把你们招安，而不得不杀死你们，那真是太痛苦了！写到这里，我不知不觉落下了眼泪。

怎么样？很感动吧。我在翻译时，眼泪也禁不住夺眶而出。用自己的良知唤醒了盗贼的良知，阳明先生真的很了不起。良知人人有，哪怕是盗贼。喻之以义，动之以情，晓之以利害，对方就有可能良心发现。阳明先生一腔真诚，他的良知清澈纯粹，他洞悉人心，真不愧为做思想工作的超级大师啊。

我们再来看稻盛先生。

在唤醒部下、唤醒人的良知上，78岁的稻盛先生出手拯救日航，也是一个说服力强大的经典案例。

2010年2月1日，稻盛先生出任日航会长的第一天，就发给日航全体员工一封公开信，声明自己来日航的目的就是：让辛苦工作的全体员工获得物质和精神两方面的幸福。

对于这个企业目的的问题，开始时，日航几乎所有的干部都不理解，都不认同。理由是：

日航宣布破产重建，银行损失债权 5500 亿日元；

44 万股民手中的股票顿时变成了废纸；

国家要注资 3500 亿日元；

按照重建计划，日航要裁减 1/3 的员工；

留任的员工、特别是干部和飞行员要大幅降低工资。

在这种情形下，公开宣布日航的经营理念是：追求全体员工物质和精神两方面的幸福。干部们认为，这显然不合时宜。

在与干部首次见面后的晚宴上，干杯以后，稻盛说："无论什么问题你们都可以问。"有位干部就要求稻盛先生收回"追求员工幸福"的承诺。

干部：

日航有 8 个工会，工会与经营层博弈了几十年。你宣布日航的企业目的是追求他们的幸福，这正中他们的下怀，他们一定会得寸进尺，没完没了。

稻盛：

不是讲"玻璃般透明的经营"吗？日航现在这么困难，把真实情况告诉大家不就行了吗？

干部：

把真实情况告诉员工，等于向他们提供了进攻我们经营者的炮弹。

稻盛：

当干部的，不相信自己的员工，怎么行呢。

干部：

日航的员工同你们京瓷不同，他们是不管企业死活的，他们只考虑自己和自己部门的利益。

稻盛：

追求员工幸福是我的信条，这肯定不错，希望你们相信我。

但是，这时日航的干部既不信任员工，对新来乍到的稻盛先生也谈不上有什么信任。

于是，双方就争论起来。稻盛先生生气之下，就把擦手的湿毛巾扔到了对方的脸上。这时同桌的人有点慌了，要责备那位干部失礼。但被稻盛先生制止了。

稻盛先生说，这位干部敢于提出自己的看法是好的，这说明他正在认真思考企业的问题。

第二天上班时，这位干部见到稻盛先生时不免羞愧。但稻盛先生却主动同他打招呼，好像昨晚的事没有发生过一样。

企业经营者追求员工物质和精神两方面的幸福，员工就会把企业看成自己的企业，把自己看作企业的主人，就会像经营者一样，积极参与经营，拼命工作。这是很简单的道理。这也是稻盛先生成功经营京瓷和 KDDI 两家企业的成熟经验，更是他不容动摇的信念。

过了 10 个月以后，正式出炉的日航的经营理念表达为：

日航集团

追求全体员工物质和精神两方面的幸福

一、为客人提供最好的服务。

二、提升企业价值，为社会的进步发展做出贡献。

但是，直到这个时候，还有人表示反对。反对者是代表国家注资的机构负责人。在最后定稿的讨论会上，他认为，日航毕竟是服务型企业，应该把"为客人提供最好的服务"这一条放在前面。为了调动员工的积极性，在企业内部可以强调员工第一，但作为正式文件公布，把员工幸福放在前面，一定会受到社会的批评。

稻盛先生立即抢过话筒，斩钉截铁地说：

没有那个话。如果员工不幸福，谁来为客人提供最好的服务！

就这么一锤定音。从此，每天的晨会上，日航的经营干部都要背诵这个经营理念。

稻盛先生刚进日航，在干部会议上，他开诚布公地说：

我判断事情是有基准的，这个基准就是：作为人，何谓正确？

日航干部们一时反应不过来。稻盛说：

大家反应不过来没关系。但请你们把这句话放在脑海里，遇到问题时，把这句话拿出来对照，然后采取行动。

当有的干部表示靠这种小孩儿都懂的道理无法拯救日航时，稻盛先生就发怒了：

连作为人应该做的好事和不应该做的坏事都分不清，连这样的判断基准都不能理解、不愿接受、不肯实践的人，请你们赶快辞职。因为靠这样的人无法重建日航。

稻盛先生对日航的干部们说：

人心有弱点。想让上司看好自己，不想让部下讨厌自己，这种心理在组织内部当然存在。所以我们每个人都要按照"作为人，何谓正确？"这根基轴做出判断，这是非常必要的。为了实践这一条，希望大家拿出勇气。

稻盛先生言教身教，不屈不挠，经过近半年坚持不懈的教育，经过在具体问题的判断上稻盛先生所做的示范，终于有一位老资格的干部开窍了，他发表感想说：

> 正像稻盛先生所说，小时候老师家长教我们的这些道理，几十年来，我不仅没有掌握，没有实行，而且根本不重视。如果我们早早明白这些道理的重要性，那么日本航空就不会有今天破产的下场。确实是我们怠慢了，忽略了做人做事的基本原则。从今天起，我要革面洗心，彻底改变自己，天天给部下讲哲学，努力与他们共同拥有正确的哲学。

一石激起千层浪。他的感悟很快引发日航干部们的共鸣，他们决定认真学习稻盛先生的哲学，认真实践"作为人，何谓正确？"这一判断和行动的基准。而正是因为日航干部员工在共同拥有哲学和判断基准的基础之上，团结一致，群策群力，改革改善，这才有了日航戏剧性的、史诗般的成功。坠落谷底的日航一跃成为全世界最优秀的航空公司，业绩持续遥遥领先。

日航的干部们后来告诉我，在日航，稻盛先生没有做任何特殊的事情，他不过是率先垂范，以身作则，用他自己的良知激发了大家的良知而已。

像阳明先生和稻盛先生一样，"用良知唤醒良知"，这不仅是针对某个人群，或者是某个企业内部的事情。它更是一个现实的、普遍的、永恒性的、巨大无比的社会课题。

"良知"的对立面是"私欲"。对于私欲泛滥的危害，阳明先生曾经痛心疾首，他奋笔写道：

> 动于欲，蔽于私，而利害相攻，忿怒相激，则将戕物圮类（圮：毁坏），无所不为其甚，至有骨肉相残者……
>
> 三代之衰，王道熄而霸术焻……盖至于今，功利之毒沦浃于人之心髓，而习以成性也，几千年矣。

今天这个世界，物质文明高度发展，今非昔比甚至翻天覆地了。然而，精神文明一再滞后，私欲膨胀之触目惊心，与阳明时代相比，毫不逊色，许多方面是有过之而无不及。

如果把人分类，可以有各种分法。比如：男人女人，大人小人，胖人瘦人，富人穷人，贵人贱人，好人坏人，圣人凡人，国人外国人，明白人糊涂人，等等。

但是，如果用"良知"做基准划分的话，世界上只有两类人，良知觉悟的人和良知未觉悟的人，或者说良知清澈的人和良知迷糊的人。当然这中间有个程度的问题，从阳明先生这种良知清澈的人到迷糊朦胧的人，再到奸臣刘瑾这种良知泯灭的人，程度不一样。

这样的划分意义重大。因为这么一来，世界上复杂纠缠的问题，最后都变成一个极为单纯的问题。

阳明先生可以唤醒"山中贼"的良知，把他们变为良民；稻盛先生可以激发三万两千名日航员工的良知，只用了短短一年，就把一个世界航空界最差的公司变成了一个最好的公司。

推而广之，极而言之，人类社会要变成一个和谐、繁荣、幸福的命运共同体，变成一个不但物质富裕、而且理念高尚的命运共同体，就要靠像阳明先生和稻盛先生这种良知清澈的人，来激发良知处于朦胧状态的人们，使"皆可以为尧舜"的人变成"尧舜"，让"满街皆圣人"的理想变为现实。

阳明先生期待这样的豪杰之士们横空出世。他说：

良知之明，万古一日······必有恻然而悲，戚然而痛，愤然而起，沛然若决江河，而有所不可御者。

但历史不能只靠个别的伟大人物来推动。孟子曰：

待文王而后兴者，凡民也。若夫豪杰之士，虽无文王犹兴。

阳明先生后来办学教化弟子，稻盛先生创立盛和塾，就是为了培养更多的"虽无文王而犹兴之士"。

第六章

"天人合一"和"宇宙意志"

王阳明突破前人的第三个方面，就是把抽象的所谓"天理"，所谓"天人合一"的思想变成了可以实际操作的东西，可以在现实中使用的东西。

　　阳明先生说：

　　　　人的良知，就是草、木、瓦、石的良知……岂惟草、木、瓦、石为然，天、地无人的良知，亦不可为天、地矣。盖天、地、万物与人原是一体，其发窍之最精处，是人心一点灵明。风、雨、露、雷，日、月、星、辰，禽、兽、草、木，山、川、土、石，与人原只一体。故五谷、禽兽之类皆可以养人，药石之类皆可以疗疾，只为同此一气，故能相通耳。

在这里阳明先生所说的"天、地、万物与人原是一体"，就是所谓"天人合一"，而这个"天人合一"的"一"，不是别的，就是"良知"。这同稻盛先生说的"真我即宇宙"是一回事。

阳明先生还说：

> 良知是天植灵根。
> 良知是天理之昭明灵觉处。
> 良知即是天理。

而稻盛先生认为，真我即良知。他把"良知"用"真我"来替代。稻盛先生一贯强调"真我"就是"宇宙的意志"，就是宇宙本身。

日航重建成功后不久，在一次盛和塾的塾长例会上，稻盛先生说：

> 我们在展开某项工作时，首先是用头脑思考，在

心里琢磨"想做成这样","想要那样做",构思方案，制订计划。但是，仅仅这样是不够的，是会失败的。必须制订出让上天或者宇宙也认可的、愿意出手相助的、崇高的计划。

我们每一个人都具有与宇宙相同的要素。这是我们人的本质，每个人的心底深处都存在着与宇宙森罗万象相同的本质。因此，我们才会作为婴儿呱呱坠地，才会在这个自然界自由地呼吸。持有肉体的自己并不是真正的"我"。有人认为，所谓"我"就是"心"，但是心也不是真正的"我"。

在我们每个人的心底最深处存在着"真我"，这个"真我"与创造宇宙最基本的东西本质完全相同。

为什么那个人，在那么棘手的事情上，那么轻易地就成功了呢？用理性分析，看似根本做不成的事情，但只要让自己内心深处的真我与宇宙相连接，上天就会出手相助。秉持美好心灵的人，凭借的不是他个人的力量，他以宇宙为盟，所以一切都能顺利推进。

稻盛先生还说：

不得不承认宇宙中存在一种促使森罗万象发展进步的力量，不妨称之为"宇宙的意志"。宇宙中如果没有促使万物更新的"意志"，宇宙就不会成为今日的宇宙。

我们的思想和行为是否与这强大的宇宙意志相吻合，决定事情的结果。我们充满善意，尽力做好事，就是说我们所想所做与宇宙的意志相协调，那么我们必将成功。如果我们心存邪念，损人利己，就是违背天理，最终势必失败，招致悲惨的下场。所谓"天网恢恢，疏而不漏"，就是这个意思。

稻盛先生讲的"宇宙的意志"，就是所谓"天理"，稻盛先生讲的"真我"就是所谓"良知"，就是"天人合一"的那个"一"，就是"万物一体之仁"的那个"仁"，就是"圣人之道"的那个"道"，就是"山川草木，悉皆成佛"的那个"佛"。这些都是同一个东西。

在稻盛先生那里，这些不是抽象的道理，而是他切身的体验。在总结日航不可思议的成功时，稻盛先生又谈到了这一点。他说：

看到我奋不顾身的样子，神灵、宇宙，或者说是自然因感动而向我伸出了援助之手。如果不是这样，我认为日航如此奇迹般的回升是不可能的。这不是人的力量，而只能说是 Something Great 即"伟大之物"在发挥作用。这种"伟大的存在"援助、推动，并让我参与了日航的重建。

让稻盛先生参与并领导日航重建成功的，是"伟大之物"，就是那个"宇宙的意志"。而"宇宙的意志"在阳明先生那里就是所谓"天人合一"的良知。

当然，从现代宇宙物理学的观点来看，宇宙间一切事物，包括人类在内，在物质层面上，都是由同一种"基本粒子"构成的。这也是一种"天人合一"。

在本书第八章中，我们还可以看到著名学者季羡林先生对稻盛先生的赞赏，他赞赏稻盛先生的观点是：

对中国思想的精华，也可以说是东方思想的精华"天人合一"思想最全面、最准确的解释。

第七章

"实事求是"和"心纯见真"

"实事求是"四个字最早出于《汉书》:"修学好古,实事求是",原意是指一种严谨的治学态度。

　　但毛泽东对"实事求是"做了崭新的、别出心裁的解释。

　　1941年5月19日,在延安共产党干部大会上,毛泽东作了《改造我们的学习》的著名讲演。在讲到"有的放矢"时,他说道:

　　　　这种态度,就是实事求是的态度。"实事"就是客观存在着的一切事物,"是"就是客观事物的内部联系，即规律性，"求"就是我们去研究。我们要从国内外、省内外、县内外、区内外的实际情况出发，从其中引出其固有的而不是臆造的规律性，即找出周围事变的内部联系，作为我们行动的向导。

毛泽东为什么能够对"实事求是"做出上述画龙点睛式的解读呢？

因为"实事求是"其实就是他自己的经验之谈。在之前他写的《中国革命战争的战略问题》和《论持久战》等文章中，他就是这么总结出"土地革命战争"和"抗日战争"的"固有的而不是臆造的规律性"的。

这就是科学的思维方式。前面讲到，王阳明时代因为缺乏科学的思维方式，所以他研究竹子没有任何进展。

那么，是不是有了科学和科学的思维方式，就万事大吉了呢？那也不是。

科学家出身的稻盛先生认为：

所谓"科学"，实际上，不过是针对物质文明而言的"科学"，而精神科学，即对于意识和心的研究，还远远不够。科学甚至还不能解释麻醉的机理。

即使已被科学证明的真理，随着科学的发展也可能被否定。因此所谓科学，不过是"现阶段所认知的范围内的事实"。它既不可能正确地解释一切事物，也不代表唯一的真实。

稻盛先生还认为：

所谓发明、发现，只有在被证实以后才成为科学，在这以前，它属于哲学的范畴。

稻盛先生进一步指出：

现代社会，只重视科学，只习惯于用科学去解释事物。"为了人类变得更好，为了创建更理想的社会，我们应该具备怎样的思维方式，应该建立什么样的哲学规范"，这么重大的问题却无人问津。把是否符合科学作为第一原则，仅仅局限在这一框架内思考问题，事实上是行不通的。

科学并不万能，这个世界并不是"科学"二字所能概括。

在拙作《稻盛和夫的成功方程式》一书中，我对稻盛先生所说的"思维方式"的分析，受到了稻盛先生的夸奖。他说我的见解和表述有独到之处，过去没有人做过这样的分析。

其实，我的分析既受毛泽东的《实践论》的深刻影响，当然也受稻盛先生"敬天爱人"的利他哲学的影响。

我是这么写的：

> 我认为可将"思维方式"分为两个侧面。
>
> 一个是道德和人格的侧面。正面的比如：公正、诚实、开朗、勇敢、谦虚、善良、克己、利他，等等。负面的比如：不正、伪善、卑怯、傲慢、任性、浮躁、妒嫉以及自我中心，等等。
>
> 另一个是科学和理性的侧面，就是"认识论"，就是实践、认识、再实践、再认识之循环。由五官从外界收集各种必要的信息，用头脑加以分析，从复杂现象中导出事情的本质，据此制订计划，然后实行。在实行过程中继续收集信息，再分析，并对照计划，作必要修正，然后再实行这样一个循环。简单讲就叫

"实事求是"。先是正确认识事物，然后是拿这种正确认识去改造事物，或创造新的、美好的事物。

道德和人格侧面与科学和理性侧面两者相辅相成。

稻盛先生说："充满利己的心目中，只呈现复杂的事像，利己的动机，势必模糊问题的焦点。"

就是说利己主义者不可能坚持"实事求是"。

现实生活中常有这样的事：有时候事情本身很简单，但因为当事人有私心，又要掩饰。掩饰私心，掩饰真相，事情就复杂化，真相变得扑朔迷离，叫人弄不清，人际关系也因此复杂起来，变得棘手，难以处理。

因此一个人格高尚、心地纯洁的人，不受私心蒙蔽，就容易看清事实真相，看出事物规律，并勇于按事实、按规律办事。

就是说，只有人格高尚的人才能始终实事求是。

反过来，只有坚持实事求是，才能保持或提升自己的人格。

在上述这段话中，我想强调的重点是：心灵不纯粹，或者说忽视人格道德，单纯突出科学理性，结果是不能坚持真正的"实事求是"。

包括上述分析在内，2004年8月20日我在给稻盛先生的一封信中还写道：

> 现今中国社会最缺乏的不是先进技术，不是法律条文，也不是其他东西，而是像稻盛哲学一样，正面、积极、深刻、质朴、利人、利世的高尚的价值观。这才是从当今中国现状亦即"实事"中，应该"求"得的最大的"是"。

稻盛先生把我的这封信的全文刊登在《盛和塾》杂志第63期"心的研究"栏目里。

我们从另一个角度来谈这个问题。

自从瓦特在1776年制造出第一台蒸汽机以来，在不到250年的时间内，科学技术的发展日新月异，促使人类社会发生了翻天覆地的变化。

如果说自然科学是研究数理化等各种领域内的具体的自然规律，社会科学是研究各种社会、各阶段的具体的发展规律，那么，哲学，特别是阳明心学和稻盛哲学的核心，可以说侧重于研究宇宙人生的根本性的规律。根本性的规律不能替代各个领域内的具体规律，但具体规律更替代不了根本性的规律。

这里所谓根本性的规律就是天理良知。根本性的规律具备指引方向的作用。

科学家是"实事求是"追究事物本质的人，但科学家未必是哲学家，更未必是"良知哲学家"。比如，德国科学家弗里茨·哈伯先生因为合成了氨，创造了化肥，被称为"把空气变成面包"的人，还因此获得了诺贝尔奖。然而，同时他又倡导化学战，制造氯气，亲自指导一战时的德国士兵使用，后来还发明了芥子气，给人类带来了新的灾难。

就是说，弗里茨·哈伯先生找到了某项规律，后来却违背了天理良知。由此可见，仅有实事求是的科学精神是不够的。

美国有关企业和部门，为达到自身利益最大化的目的，运用科学的计算方法，运用所谓最尖端、最时髦的金融技术，搞出了一个自欺欺人的"次级贷款"的金融衍生产品，打包卖到全世界，结果在2008年引发了全球性金融危机。

科学技术的运用有一个指向的问题。前面提到的孙中山先生讲的西方的文明是科学的文明，但后来演变成武力的文明，并用来压迫亚洲，也是这个意思。西方的这种霸道文明还引发了两次世界大战。

稻盛先生说：

"心纯见真"。清澈纯粹的心灵可以看见事物的真相。

我认为，心纯见真的"真"有两层意思。

一层意思是，排除杂念，让心灵处于纯粹状态，就可以发现具体事物包含的真相，或者说具体的规律，比如稻盛先生发明精密陶瓷新材料，就是好例。

稻盛先生说：

我原本是技术员，从事精密陶瓷的研究开发，每天都要反复做实验。为了从实验中发现真理，就必须细致周密地观察实验中发生的现象。这些现象告诉我真理。我死死盯住实验中发生的现象，拼命努力去发现现象所要告诉我的真理。

在用这种态度做实验的过程中，我产生一种感觉，就是说：为了看破现象想要告诉我们的真理，那么映射出这种真理的我们的心灵这面镜子必须纯粹透明。如果我们心存杂念，或者持有某种先入观念，那么我们就不可能如实接受现象想要告诉我们的真理。

只有排除了杂念，当心灵这面镜子纯粹透明时，真相才能在心中呈现。这是稻盛先生发明陶瓷新材料时的切身体验。

从这一体验出发，当用纯粹的心灵反复思考"能力平凡的人怎样才能获得不平凡的成功"时，稻盛先生发现了成功的真相——成功方程式。

当用纯粹的心灵苦苦追究"如何才能对接踵而来的问题，不断地做出正确的判断"时，稻盛先生发现了正确判断的真相——"作为人，何谓正确？"的判断基准。

当用纯粹的心灵审视企业目的时，稻盛先生发现让自己的"技术问世"，也是杂念。此时，"在追求全体员工物质和精神两方面幸福的同时，为人类社会的进步发展做出贡献"，这一正确经营企业的真相才在心中呈现。

当用纯粹的心灵不断思考"怎样才能充分调动全体员

工的积极性和创造性"时，稻盛先生想出了培育自己的分身的、组织形式的真相——阿米巴经营。

其实，王阳明先生在龙场，也是在摒除了生死杂念，心灵处于纯粹状态时，才大悟了所谓"圣人之道"的真相。

这就是"心纯见真"。

但是，以上还只是心纯见真的"真"的第一层意思。

心纯见真的"真"的第二层意思就是："真我"。前面已经论述过，所谓"真我"，就是天理良知，就是宇宙的意志，就是真善美，就是"爱、真诚与和谐"，也就是"宇宙的根本规律"。各种具体事物包含的具体的规律，都被宇宙的根本规律，也就是被"真我"所涵盖。

也就是说，心纯见真的"真"，既是具体事物的真相或规律，又是宇宙的真相和根本规律，当然，其中包括了"实事求是"的科学精神。

这就是所谓"心纯见真"的哲学。

关于哲学与科学乃至宗教的关系，我曾经向稻盛先生当面请教。

2013年2月26日，稻盛先生在同我们开完董事会会议后，招待我们用晚餐。席间，我请教稻盛先生这么一个问题：

　　对人类社会、对推动人类文明发展，影响最大的是科学、哲学和宗教。稻盛先生是科学家出身；又基于科学实验发明的新材料、新产品创办了企业，成了著名的企业家；同时稻盛先生又是哲学家；还对宗教有很深的研究，65 岁后皈依了佛门。在您看来，科学、哲学和宗教这三者之间是什么关系？

稻盛先生的回答一针见血，他说：

　　我们人类生活的这个文明社会，可以说都是由科学技术带来的。同时，经济的发展构筑了人类社会的繁荣。就是说，科学技术的发展创造了灿烂的文明，同时，作为社会的经济系统，市场经济发挥了它的功能，让人们可以过上富裕的生活。

　　虽然科学技术不断发展构建了文明社会，但科学技术的发展有一个方向性的问题，就是说，科学技术是为了让人类幸福才去发展呢，还是单纯出于个人的兴趣，因为稀奇稀罕才去研究的呢？比如，人们发现了原子能，很有趣，很带劲，可以产生巨大的能量。如果是在谋求人类幸福这一哲学的基础之上，开发原子能当然很好。然而，如果与此目的背道而驰，朝着开发原子弹的方向发展，或许就会导致人类的破灭。

稻盛先生还说：

同时，市场经济的体制营造了当今社会的繁荣。但是，在这个体制中，"只要自己赚钱就好"的利己主义膨胀，正如在雷曼危机中表现出来的，那些强欲贪婪的资本家云集一起，为了自己的私利，为了少数头头、少数资本家个人发财暴富，不择手段，带来了世界性的灾难。现在中国也出现了这种倾向，这样下去贫富差异越来越悬殊，社会也将愈加混乱。

因此，在市场经济的运营中，必须由哲学来指明方向，就是说，为了人类全体的幸福，个人要努力抑制自己的欲望。

所以，无论科学技术的发展也好，经济的发展也好，加入还是摒弃"利他"这一思想哲学的元素，结果将会迥然不同。

关于宗教，稻盛先生这么说：

因为自小受到佛教思想的熏陶，就跟佛教有了缘分。如果自己小时候是受基督教的影响，或许后来就成了基督徒。

无论佛教也好，基督教也好，伊斯兰教也好，虽然各不相同，但它们倡导的真理本质上是相同的。然而，在宗教徒中，思想排他的人非常之多，他们只拥戴自己的宗教，而排斥其他的宗教。

本来，在拯救人类这一点上，各种宗教是相通的，但宗教之间的对立往往造成悲剧。另外，即使是佛教，在日本就有许多宗派，有净土真宗、禅宗等等，都互相对立。

释迦牟尼教导的真理只有一个，但一旦出现派阀，就会把派阀的利益放在前面，势必引起纷争。同样，伊斯兰教也有什叶派和逊尼派、极端宗教主义和其他派阀的争斗；基督教也有许多分支，新教、旧教，争执不休。因为宗派林立，宗教根底处的真理反而被忽视，为了维护自己的宗派，人们变得狭隘和偏激。本来同根同宗，根本目的都一样，各种宗教理应和睦共处。之所以对立争斗，是因为那里的统治者变坏了。

稻盛先生的解答直指事物的本质核心。

既是科学家、企业家又是利他哲学家的稻盛先生强调说：

依据原理原则追究事物的本质，同时，要以做人最基本的道德良心为基础，把"作为人，何谓正确？"作为基准，进行判断，采取行动。这是最为重要的。

这里讲的"依据原理原则追究事物的本质"，换言之，就是"实事求是"。不仅按"实事求是"的科学精神追究事物的本质，还要确认在问题的逻辑上有无矛盾。与此同时，还必须与"作为人，何谓正确？"这一基准相对照，确认有无违背。据此进行判断，采取行动。

举例来讲，"经营"这件事情的本质是什么？稻盛先生创业之初，既无经营经验，又无经营知识，连会计的常识也不懂。请一位资深专家来指导，夹杂着许多会计"术语"的解释，让稻盛先生一头雾水。讲过几次之后，稻盛先生有点不耐烦了，于是说道：

讲来讲去，经营不就是"销售最大化、费用最小化"吗？

专家回道："你这么说也可以吧。不过简单化了一点。"

利润就是销售减去费用。"销售最大化、费用最小化"，利润随之而来。这就是经营的"本质"。于是，稻盛先生在经营中，包括各个独立核算的部门（阿米巴）中，也就是在包括经营者在内的每一位员工身上，彻底贯彻这一条"原理原则"。结果，京瓷的利润率从百分之十几，很快上升到百分之二十以上，一时甚至逼近百分之四十，成了日本罕见的高收益企业。而当时日本绝大多数制造业企业，包括有代表性的电器厂家，在景气看好时，利润率也不过百分之五、六。因为他们不是按照这个"本质"，而是按照所谓"常识"来经营企业的，比如"这个行业也就这个利润率吧"。在这种固定观念之下，他们就不会认真思考并彻底追求这一经营的"本质"，特别不愿在"费用最小化"方面狠下功夫。

像稻盛先生这样，包括"经营"在内，凡事都要追究"本质"的人，在日本的大企业中，不说绝无仅有，至少也是极为罕见的。

然而，更重要的是，如何实现"销售最大化、费用最小化"？换句话说，就是如何实现利润最大化？

当日本全国掀起狂炒"土地房产"热潮时，当银行上门劝说稻盛先生也介入这场闹剧时，稻盛先生说，自己不喜欢投机赚钱，只有靠额头流汗赢得利润才叫"经营"。

"求利有道"，这就是"作为人，何谓正确？"。这是最高的原理原则。在这条原理原则之下，为了获利不择手段、假冒伪劣之类，自然就统统被拒之门外了。

2013年10月13日在四川成都，中央电视台经济频道主持人向稻盛先生提出一个问题。这其实是我曾经提出的问题：

科学家、企业家、哲学家、宗教家，这四个"家"在稻盛先生身上是如何统一和融合的呢？

稻盛先生回答说：

或许我还没有达到统一、融合的境界。我学习哲学，学了一点宗教，作为研究员开展研究，作为技术员开发新技术，作为经营者从事企业经营，所有这些，我想可以集中到一点。我刚才已经讲过，我年轻时，在从事研究的时候，实验中出现的现象会告诉我些什么呢？如果想要看破现象中包含的真实、真理，那么，不把自己的心放空，自己的心灵不处于纯净的状态，实验中的现象就不肯告诉我真理。以这样的经验为基础，我开始建立自己的哲学。我认为，作为研究员、作为技术员追求真理，同追求哲学的真理，同通过宗教修行追求真理，没有任何区别，都可以归结到相同的一点。说这些，似乎我很了不起，其实不管在哪个领域，我都没有达至顶点，但是我意识到了，一切事物都可以归结到一点。这是根本性的真理。

科学实验和企业经营都要求"实事求是"。"实事"是指客观存在的事实或现象，"是"就是事实或现象中包含的真理、真相或叫规律。"求"就是去追求。

但能不能"求"到这个"是"？求到"是"之后，能不能对照"作为人，何谓正确？"这一根本性的原理原则，把这个"是"，也就是把真理贯彻到底，却与追求者的"心"是否纯粹有关。

心纯见真。心灵纯洁的人，可以看清事物的真相，可以感悟宇宙的真理，可以取得远超自己想象的成功。

"心纯见真"——所有优秀的科学家、企业家、哲学家，乃至高僧大德的卓越成功都可以归结到这一点。这是根本性的真理。

认识事物的主体是人的心，强烈的利己欲望会扭曲人心，那么真相在他心中也是扭曲的，就是说，他看不见真相，甚至不愿正视真相。这样的人难以成功，尤其是难以持续成功，更不会成功到底。

稻盛先生谦虚地说：

在哪个领域，我都没有达至顶点。

但是像稻盛先生一样，意识到"心纯"才能"见真"这一根本性真理，并付诸实践，在科学、经营、哲学和宗教修行几方面，全都成效卓著的人，古今东西能有几位？

从这个意义上说，无论是阳明心学还是稻盛哲学，都是"心纯见真"的哲学。

第八章

"知行合一"和"唯物主义"

最近，我在翻阅日本《盛和塾》杂志第 17 期时，偶然读到了季羡林先生的一篇日文版的论文，题目是"企业家兼哲学家第一人——稻盛和夫先生"。

　　季老先生的这篇论文我以前就知道，但不知道它的全文。我赶紧查阅它的中文版原文。功夫不负有心人，花了两天时间，我终于找到了季老先生这篇文章的全文和它的出处。

　　1994 年 6 月，稻盛和夫在日本出版了他的第二本著作《新日本·新经营》。

　　这本书感动了季羡林老先生，他挥笔为该书的中文版写了一篇热情洋溢的推荐序。其中有如下几段话：

> 我既不是哲学家，也不是企业家。但是，我对这两个行当都非常敬重，敬重他们能做一些我自己绝对做不到的事情：究天人之际，为生民谋福利。

> 根据我七八十年来的观察，既是企业家又是哲学家，一身而二任的人，简直如凤毛麟角。有之自稻盛和夫先生始。

> 稻盛先生是当今日本国的一个大企业家，成绩卓异，历程辉煌，已经取得了令人刮目相看的成功，名震遐迩。他从来没有自命为哲学家。然而，我读了他的著作《新日本·新经营》，却感到书中到处是哲学。他讲他成功的历程，讲他对人生的看法，讲许多与他的本行制陶业有关或无关的问题，到处洋溢着表面浅显而实则极深刻的哲学思维，说来头头是道，娓娓动听。我真是大为吃惊。

这篇推荐序中提到了"依赖集团性行动的日本稻作文明，与依靠个人能力的游牧民族的性格区别"之后，季羡林先生禁不住再次赞叹稻盛先生：

这种分析浅显明了，然而却实事求是，切中要害。我们常讲的唯物主义的分析，不就是这样的吗？稻盛先生一句马克思主义的词句都不用，谁能说他没有获得马克思主义的真髓呢？

在本书中，稻盛和夫先生利用他那企业家的经验和哲学家的头脑，对人生，对社会，对许许多多的问题，都发表了很多有价值能引起人们深刻反思的意见，简直到处是零金碎玉，美不胜收。

另外，读到稻盛先生关于"共生、循环和利他"的论述时，季老先生又赞叹说，这是：

对中国思想的精华，也可以说是东方思想的精华"天人合一"思想最全面、最准确的解释。

季老先生时年83岁，是一位德高望重的大师级人物，他博古通今，学贯东西。而在这位季老先生的眼里，用现代中国的语言系统来讲，稻盛先生非常"实事求是"，讲的都是"唯物主义"，并且他已经获得了"马克思主义的真髓"。

这是季老先生的肺腑之言，非常中肯。而这么精辟的论断，早在 26 年前的 1995 年，就是在中国几乎没有人知道稻盛和夫的时候，就由季羡林这位著名人物说出来了，实在是难能可贵。季老先生不愧是慧眼识英雄。

2020 年 5 月，在稻盛先生的《心》这本书的中文版出版时，我为此书写了推荐序。应出版社的反复要求，作为出版社对读者的增值服务，我还为本书做了约 50 分钟的所谓"录音导读"。其中，我着重讲了季羡林先生在这里提到的"唯物主义"的问题。我是这么说的：

> 我为《心》这本书写的推荐序标题是"稻盛心学"。一讲到心学，我们很容易条件反射式地想到唯心主义。这是一种误解。
>
> 《心》这本书一开头讲了正反两件事。
>
> 一件是稻盛 13 岁时患肺结核的事。稻盛的两位叔叔和一位叔母都因为患结核病在稻盛家中死去。但是，一直在病人身边近距离护理的父亲没有感染，大大咧咧对结核病不太介意的哥哥没有感染，其他弟妹也没有感染，唯独刻意躲避病人的稻盛被感染了。从物理上讲，或许是稻盛捏着鼻子跑过叔叔房门口时，因为

小孩憋不住气，吸入了病菌。但本质上是恐惧怕死的那颗心招来了病菌。把病菌的侵害同自己脆弱的心灵联系在一起，这实在是很深刻的见解。因为心灵脆弱，忐忑不安，才会有捏着鼻子跑过去的这种行为。稻盛受到《生命的实相》这本书的启示，年仅13岁就有如此深刻的反省，非同小可。

另一件事是稻盛在松风打工时发明新材料的事。因为他入职的这家企业长期亏损，连工资也经常拖延，一切都很糟糕。稻盛牢骚满腹，还想着辞职跳槽。开始那半年中，他虽然也在研究新型陶瓷，但因为心神不宁，心猿意马，当然一事无成。在走投无路的情况下，他决定改变自己的想法，全身心地投入了研究。全身心投入就是心里没有任何杂念。没有杂念的、纯粹的心灵状态就能如实反映事物的真相。他的研究就有了成果。这时候他的心灵除了纯粹之外，还有无论如何非成功不可的强烈愿望。在这种心态下，一个偶然的现象触发了稻盛的灵感，让他在精密陶瓷领域有了划时代的发明创造。在兴奋之余，他又再进一步，追问这种灵感产生的原因。当他意识到创造发明的灵感与自己的心灵状态密切相关时，年轻的稻盛开始建立他的"心纯见真"的哲学，这就是稻盛心学的开始。

在这里我想说明什么呢？就是说，没有 13 岁时患肺结核的生活实践，没有那种痛彻心肺的经验。没有他在松风实验室里的科学实验的实践。没有这些经验和实践，就没有稻盛先生的种种体悟，就没有稻盛哲学，就没有稻盛心学这种理论形态的东西。从这个意义上讲，实践当然是第一性的，理论是第二性的。实践或者说存在是第一性的，理论或者说意识是第二性的，这就是所谓的唯物主义。

不仅科学实验是实践的一个重要领域，企业经营也是一个高度现实的实践领域。企业经营者必须实事求是地对每天在现场发生的实际问题做出正确的判断。任何主观唯心的思想和行为，马上就会招致企业的混乱和失败。稻盛先生信奉科学合理的思维方式，他创建了充分适合经营实际的缜密的会计七原则和精致的阿米巴经营模式。与此同时，他又兼备关爱他人的利他之心和不惧怕任何困难的燃烧的斗魂。从这个意义上讲，稻盛先生不但是实事求是的模范，而且，用我们的话来讲，他还是一位无所畏惧的彻底的唯物主义者。

我们知道，稻盛先生有一句口头禅，叫作"付出不亚于任何人的努力"，换句话说，就是比任何人都更拼命地工作，也就是更拼命地实践。不仅如此，在拼命工作的同时，他还拼命思考。稻盛先生喜欢深思熟虑，所谓深思熟虑，就是探求实践中碰到的各种问题、各种现象背后的本质，就是将实践的精髓提炼出来，抽象出来，并且用简单明白的语言表达出来。

有一位辩证唯物主义的领袖人物说：

"物质的抽象，自然规律的抽象，价值的抽象以及其他等等，一句话，一切科学的抽象，都更深刻、更正确、更完全地反映着自然。"

我个人很喜欢这一段话，这段话我记了整整50年。我认为稻盛先生就是这样的一位抽象大师。就是说，稻盛先生将自己科学实验的实践经验，企业经营的实践经验，以及人生的实践经验，提升到哲学的高度。再反过来，拿这种哲学来指导工作，指导经营和人生，并且在京瓷公司、在KDDI、特别在日航的经营实践中取得了出人意外的、令人叹服的、卓越的成功，尽情地发挥了所谓"意识对存在、精神对物质、理论对实践的不可思议的、巨大的反作用"。从这个意义上讲，我们把稻盛先生称为"精通辩证唯物主义的哲学大师"，一点儿也不过分。

由此可见，如果有人要用"唯心主义"这顶帽子来否定稻盛的思想哲学，否定稻盛心学，否定稻盛哲学，是多么的肤浅可笑。

尽管我讲了这些，但是我对季羡林老先生非常佩服。他居然早在 1995 年就用"到处是哲学""极深刻的哲学思维""唯物主义的分析""获得马克思主义的真髓"这样的语言，来称赞一位日本的企业家稻盛和夫。受他老人家的启发和鼓舞，我觉得用类似的现代语言，说清楚 500 多年前，我们的古圣先贤王阳明先生关于"知行合一"的卓越思想，是我应该努力做到的。

有人说阳明心学"知行合一"是唯心主义。我认为恰恰相反，阳明心学"知行合一"不仅是唯物主义，而且是非常了不起的唯物主义。

首先，王阳明是领过兵打过仗的人，神出鬼没打了大胜仗的人，不可能是我们所说的那种脱离实际的、可笑的唯心主义者。

大学时代，我很喜欢读毛泽东的《实践论》(论认识和实践的关系——知和行的关系）一书。毛泽东带领中国人民取得新民主主义革命的胜利，当然有他成功的道理。

阳明先生立功、立德、立言，也是一位杰出的成功者。像他这种"三不朽"的人物当然是实践强、理论也强的人。一个纸上谈兵的书生，或者有勇无谋的武夫，根本成不了立功、立德、立言的"三不朽"并影响历史的人物。

下面我就来用《实践论》中的思想，也就是用"马克思主义的认识论"来分析阳明先生"知行合一"的思想。

阳明先生说：

> 世间有一种人，懵懵懂懂的任意去做，全不解思惟省察，也只是个冥行妄作，所以必说个知，方才行的是。

这段话的意思是，这种人的认识，只停留在认识的初级阶段即感性认识的阶段，"只看到事物的现象方面，看到各个事物的片面，看到各个事物之间的外部联系"。所谓"不解思惟省察"，就是没有"经过感觉而达于思维"，没有经过一番"去粗取精，去伪存真，由此及彼，由表及里的改造制作工夫"，没有一个从感性认识到理性认识的能动的飞跃。所以"只是个冥行妄作",就是盲动主义。"所以必说个知",这里的"知"就是理性认识。它"已经不是事物的现象,不是事物的各个片面,不是它们的外部联系,而是抓着了事物的本质,事物的全体,事物的内部联系了"。

阳明先生接着说:

> 又有一种人,茫茫荡荡悬空去思索,全不肯着实躬行,也只是个揣摸影响,所以必说个行,方才知的真。

这段话的意思是,另一种人只顾空想,不参与实践,连感性认识也很少,更谈不上理性认识。"所以必说个行",这里的"行"当然就是行动,投入实践。

阳明先生接着又说:

> 今人却就将知行分作两件去做,以为必先知了,然后能行。我如今且去讲习讨论做知的工夫,待知得真了,方去做行的工夫,故遂终身不行,亦遂终身不知。

这段话的意思是，现在的人把认识和实践分作两段去做，以为先要认识，然后才能行动，才能去实践。但是，无论是感性认识也好，理性认识也好，都必须通过实践，必须在行动中体会。不行动，不实践，根本不可能"知得真"。所以这样做的结果必定是"终身不行，终身不知"。

阳明先生强调"事上磨炼"就是重视实践的作用。阳明先生强调"知行合一"，他的"知"与"行"始终并驾齐驱。他的"致良知"一刻不曾离开具体的事物，他的理论从未脱离实际。

在实践中，从感性认识上升到理性认识。理性认识触及事物的本质、全体和内部联系。

阳明先生说：

> 行之明觉精察处即是知。

这里的"知"，就是知晓事物的本质、全体和内部联系，也就是"良知"在这一事物上呈现的具体形态。认识未达"明觉精察"时是感性认识。对于感觉到了的东西，我们不能立刻理解它。而对于理解了的东西，我们就能更深刻地感觉它。所谓理解，就是认识达到"明觉精察"的理性认识的阶段。而这个过程就是"辩证唯物主义的认识论"所讲的认识的第一次飞跃。

阳明先生又说：

> 知之真切笃实处即是行。

有了对事物本质、全体和内部联系的认识，理所当然就会付诸行动。这就是认识论的第二次飞跃，就是所谓"从理性认识到革命实践的飞跃"，也就是从认识世界进入改造世界的阶段，就是拿了这种对于事物的本质、全体和内部联系的认识，也就是拿了理论去指导实践。在取得事业成功的同时，进一步补充或修正这种认识，完善这种理论。换句话说，也就是：

> 致吾心之良知于事事物物……事事物物皆得其理也。

阳明先生是一位语言大师，又是一位实践家。早在400年前，他就用非常简洁的语言，对知和行的关系，对理论和实践的关系做出了精辟的分析。

稻盛先生把阳明先生视为知己，决非偶然。

我认为，稻盛哲学的显著特点之一就是它的实践性。

稻盛先生与以往的哲学家不同，因为他是科学家出身，年轻时就有重要的发明创造，而且 27 岁就创办企业。而这种哲学完全来自他亲身的实践，包括开发新材料、新产品的科学实践和经营企业的实践，当然也包括他的生活实践。在松风工业工作 4 年，以及创建京瓷后的 3 年，在这 7 年拼命努力的实践中，他已经相当完整地、十分清晰地构建了他的哲学。从实践中来的哲学，当然又要反过来指导实践，后来京瓷的惊人发展，KDDI 的巨大成功，日航奇迹般的复活，不过是在经营实践中贯彻这种哲学的结果而已。而经营实践又使哲学不断丰富。这种从实践到理论，又从理论到实践的、紧密的、反复的循环，使实践和理论，经营和哲学达到了高度的平衡、完美的统一。

稻盛先生既是科学家又是企业家，科学技术和企业经营要求高度的现实主义，它必须既唯物又辩证。所以季羡林先生吃惊于稻盛"书中到处是哲学"，就不是偶然了。

从上述分析和论述来看，稻盛先生与阳明先生的说法虽然不同，但实质内容都一样。

而在季羡林先生看来，稻盛先生的这一套就是"唯物主义"，就是"实事求是"，就是"马克思主义的真髓"。

　　季老先生把稻盛哲学与马克思的唯物主义接轨。我再斗胆把王阳明的"知行合一"也来个接轨。

　　一说到"心学"，有的人就特别敏感，甚至不敢触碰。有人干脆断言，心学是唯心主义。这是误解。

　　因此，我觉得，从哲学层面上把这些关系理清、理顺是非常重要的。

第九章

《了凡四训》揭示的法则

我之所以由衷接受稻盛哲学，除了他经营企业的哲学之外，更重要的是他的"人生哲学"解开了我的心结，让我有拨云见日之感。

2004年某天，稻盛先生专门接见我时，我呈他一篇短文，稻盛先生看后大加赞赏，并当场聘请我当日本盛和塾的顾问，让我深感意外，受宠若惊。其实，我这篇短文不过是一篇读后感，当时我读了稻盛先生有关人生观的讲话，而稻盛先生人生观的定型，可以说直接来源于中国《阴骘录》，即《了凡四训》。

在这里，首先把《两只看不见的手》这篇短文列出。

　　稻盛先生说，根本而言，我们的人生，由看不见的手所主宰，这无形之手有两只。

　　一只叫"命运"。每个人来到这世上，都带着各自固有的命运。以我为例，为什么出生在那年代，没早来 100 年，也没迟到 100 年？为什么没生在美国，也没生在伊拉克？为什么生在无锡，没生在苏州？为什么兄弟姐妹有 6 个，我又排行第 5？为什么是男非女，为什么是黄皮肤、黑头发、黑眼睛？为什么长这副相、就这个个儿、体质不甚佳？为什么智商不高，手脚笨？为什么上那个小学、中学、大学，遇到这许许多多老师同学？大学时代为什么碰上"文化大革命"？后来为什么又迎来了改革开放的新时代？为什么进了政府机关，好好地又辞职办了企业？为什么 2001 年 10 月 28 日这一天遇见了稻盛和夫这个人？为什么今天又来写这本书？等等。人生有太多的为什么，我们无法说清，科学也无力解释。我们常说"缘分"，但"缘分"又是怎么回事呢？照样弄不懂。对命运乃至命运的有无，人们常议论不休，但我相信命运的存在，乃不容置疑的事实，上述种种不是神秘的命运，又是什么呢？

不得不承认，我们被某种超越自己或他人意志的、无法解读的命运之神所支配。它无视我们的喜怒哀乐，宛如奔腾的江水，卷挟着我们，一刻不休，滔滔流入大海。

那么，我们只配做命运的奴隶，在命运面前只好一筹莫展、无能为力吗？那也不然。命运非宿命，因为决定人生的还有另一只看不见的、更大的手，名叫"因果报应法则"。因生果，果有因，善因生善果，恶因得恶果，简单明快。

积善之家有余庆，积不善之家有余殃。这条古训我从不信到半信半疑、七信三疑，至今信而不疑。

我们现在的处境，我们身上发生的各种事情，必有其产生的原因。这原因不是别的，就是我们自己的思想和行为。我们在想什么、说什么、做什么，都成为因，而必生其果，我们对所生结果如何应对，又成为因，又必有所果。这种因果规律不断循环，构成我们的人生。

提高心性，拓展经营，灿烂的思想之花，必结丰硕的经济之果，就是一种因果规律。观念正确、思想深刻、愿望强烈，必驱使我们聚精会神、全身全灵专注于工作，且持之以恒，乐之不疲。这就是成功的种子，必会生根、发芽、长茎、开花、结果。

因果报应有时来得很快，立竿见影；有时却有时间差，甚至相当长的时间差。为什么？因为人生除"因果报应法则"这只手之外，还有另一只命运之手在干涉，两只手同时在起作用。

稻盛先生说："命运乃经纱，因果法则乃纬纱，两者交织而成人生之布。"这布因人而异。

有人做了好事并没马上获好报，因为其时他命运不济；有的人做了坏事并没立即得恶报，因为他命运暂处强势。短视之，似乎"因果报应法则"不灵甚至荒谬，令人难以置信，有人漠视甚至批判它，但就长时段而言，比如二十年、三十年或更长些看，这条法则准得很。

"善有善报，恶有恶报。不是不报，时间未到。时间若到，一切都报"。此乃百姓经验之谈，亦是人生之真理。

命运之手和因果法则之手，均为无形之手，肉眼看不见，须思考才会明白。另外，一般而言，因果法则之手略强于命运之手，换言之，人运用"因果报应法则"，努力奋斗，就可以改变或扭转命运，创造自己幸福美妙的人生。这样的事例不胜枚举。

稻盛先生关于命运和因果报应的论述深入浅出，是极精彩的人生哲学。所谓哲学，是阐明存在和意识、客观的物质世界和人的主观的精神活动之间关系的学问。命运是一种客观存在，因果报应是意志或意识及其指导下的行为和结果。稻盛先生强调人的精神力量的伟大，就是说人的意志和行为可以改变命运即存在本身。不仅可以改变自己个人的命运，而且可以影响企业的命运，乃至人类社会的命运。

2011 年 1 月 10 日，为了庆祝中文版《活法》销量突破 50 万册，应东方出版社邀请，稻盛先生亲赴北京。在庆典仪式上，稻盛先生以《人为什么活着》为题，发表了意义深刻的讲演。在这个讲演中，稻盛先生谈到《了凡四训》对他人生观的形成，起到了决定性的作用。

稻盛先生年轻时，在拼命工作的同时，还拼命思考"人生是什么"这个问题。不久，他读到了《了凡四训》，知道了人生由命运法则和因果法则这两条法则交织而成。他感觉豁然开朗，到这里为止，人生是什么，这个疑团解开了。

然后，稻盛先生就用这个道理去解释自己以往的人生，而且在此后的人生中，他更加自觉地实践和贯彻因果法则。而他一生的巨大成就，又证明了命运和因果法则果然正确有效。稻盛先生论述自己这一思想转变的过程，具备非凡的说服力，也深深地震撼了我。我原本既不太相信"命运"，也不太相信所谓的"因果法则"。

所谓《了凡四训》，就是立命之说，改过之法，积善之方，谦德之效。后面这三训，反映在稻盛先生的《六项精进》中，就是要谦虚不要骄傲，积善行思利他，要每天反省。这三条凡是圣贤都会讲到。而对稻盛先生产生冲击性影响的是立命之说。所谓"立命"就是确立生命的方向，换句话说，就是树立正确的人生观。这是每个人人生中的头等大事。

既然我们每个人的人生都是由命运和因果两条法则组成，既然命运自己做不了主，而因果法则全由自己主宰，那么遵循因果法则，把"因"做好不就行了吗？怎么做呢？后面的三训，就是把"因"做好的具体方法。

稻盛先生坦陈他的心路历程，他关于人生的阐述，触到了我的内心深处，让我感动而且喜悦。关于命运和因果的法则，不说到这个份儿上，很难让我由衷认同。因为我也是一个知识分子出身的经营者，习惯于强调所谓的理性，对科学难以证明的命运和因果的法则抱着怀疑的态度。

可能是因为教育的原因吧，对"生死有命，富贵在天"这样的命运论，我们从小就嗤之以鼻，持坚决的批判态度，认为这是宿命论。

对"善有善报，恶有恶报"的所谓因果报应论，也抱着深刻的怀疑，对这样的理论我们从来没有认真思考过，也没有想要去认真思考。

对于不是1+1=2那样确凿的东西，我们不会简单地去相信，也从来没有认真地想要去相信。

换句话说，对由命运和因果构成人生这么重要的人生观，我们过去没有概念，当然更不会轻易地去相信。

然而，像稻盛先生一样，平日里就在不断思考人生是什么？人应该怎样度过自己的一生？像这样的人，受到先贤的启示，经过千思万想，特别是对照自己的切身经历，把这个有关人生和人生观的问题想明白了，因而相信了。

而一旦相信了，就会坚信，就会变成自己不动的信念，并付诸行动，贯彻到底。

事实上，不管我们自己意识到没有，我们总是按照某种人生观在度着自己的人生。为了度过幸福的人生，就必须确立幸福人生所需要的正确的人生观。

然而，确立从自己心底里真正认可的、真正相信的、不容动摇的人生观，比想象的要困难得多。

"相信"这两个字，分量似轻却很重。过去，我曾经相信甚至迷信的某些人和事，结果却被证明是错误的。"吃一堑、长一智"，这个教训让我不得不对所谓的真理抱审视的态度。我总想强迫自己要相信些什么，但强迫不了，内心不愿意盲从。我想，要由衷相信，一要用头脑能够理解，就是在道理上逻辑上说得通。二要内心能够接受，就是内心的良知认可。这样才会产生共鸣，自己才可能真正相信。

我们知道，稻盛先生的人生方程式，稻盛先生的判断事物的基准"作为人，何谓正确？"，稻盛先生的经营理念——"在追求全体员工物质和精神两方面幸福的同时，为人类社会的进步发展做出贡献"，这三条都是稻盛先生在生活、工作和经营的实践中，自己悟出来的。但是，唯独人生是由"命运和因果报应"构成的这一条，是稻盛先生在读书的时候悟出来的。这是他的又一次大彻大悟。

稻盛先生在阅读安冈正笃介绍的 400 年前中国明代袁了凡的故事时，犹如醍醐灌顶，在感动之余，领悟了这个人生最重要的真理。

最近几年，随着国学热的兴起，《了凡四训》广为流传。但过去几十年，我们并不知道袁了凡是谁，栖霞寺在哪里？而稻盛先生早在 50 年前就读到了袁了凡的故事，而且一下子就抓住了这个故事的核心，确立了自己不可动摇的人生观。稻盛先生非常喜欢这个故事，不厌其烦地向周围的人介绍并解释袁了凡的故事。

我曾读过许多类似的劝人为善的故事，却没有引起我的兴趣，有时甚至认为这不过是陈腐的、虚伪的说教。

我看有的专家写的解读《了凡四训》的书，洋洋洒洒，好几万字，他们或在善恶的概念上大做文章，或把因果报应说得神乎其神。但因为没有抓住命运和因果报应的关系，所以文章虽长却缺乏说服力。

但稻盛先生只用一千多字，就画龙点睛，说到了问题的要害。这是为什么呢？

稻盛先生 27 岁创业后，一边苦苦思考应该怎样正确地经营企业，同时又认真思考，人生是什么？人应该怎样度过自己的一生？

　　啊！原来如此，人生原来是这样的。前面有什么样的命运在等待自己，虽然不清楚，但是，在难以捉摸的命运的安排下，在遭遇各种事情的时候，我们却可以坚持"想好事、做好事"，只要以这种态度来度过自己的人生，不就好了吗？

　　稻盛先生想通了，一辈子就这么做了，这才有了他事业的辉煌成功。

　　当然，稻盛先生是科学家出身，他还需要从科学的角度论证因果报应法则。所以当他听到有关"宇宙大爆炸"的理论时，如获至宝。在这里，他假设了"宇宙意志"是因，宇宙的演化是果。这样来说明因果法则，当然具备说服力。但我想，也可以反过来说，正因为稻盛先生相信了《了凡四训》中的因果报应法则，他才会寻找科学的证据，他才会对宇宙的进化作上述的假设和论证。

　　然而，我们很多人认为，宇宙也好，人生也好，都不过是偶然的叠加，我们既不相信命运，更不相信因果。这是为什么呢？

宇宙且不说，就说我们的人生吧。

因为人生由命运和因果报应两条法则构成，情况就有点儿复杂。但既然两条法则交叉重叠，就可能出现四种情况：

第一，某人思善行善，想好事、做好事，但当时他命运不济，所以好的结果一时出不来。不好的命运将做好事的效果抵消了。

但是，稻盛先生引用《菜根谭》中的话："行善而不见其益，如草里冬瓜，自应暗长。"又如俗话所说：人为善，福虽未至，祸已远离。

第二，某人思恶行恶，想坏事、做坏事，但这时他命运正处强势，所以暂时也没有坏的报应。

但是《菜根谭》中又说："为恶不见其损，如庭前春雪，当必潜消。"又如俗话所说：人为恶，祸虽未至，福已远离。

第三，某人想坏事、做坏事，而当时他又命处逆境，那么，两个坏东西叠加，恶果呈现，他很快倒霉。

第四，某人想好事、做好事，而当时他又红运高照，那么，善果出现，他很快飞黄腾达。

因为命运的干扰，所以因果报应需要时间。而情况一复杂，不像 1+1=2 那么一目了然，我们就难免迷惑，就看不清复杂情况背后的本质。

只讲命运，讲过头就成了迷信。而只讲因果，把因果说过了头，也缺乏说服力。

稻盛先生不愧为思想家，他透过现象看到了人生的本质，就是说：人生由命运和因果报应两条法则决定。命运难以预测，但因果报应百分之百可由自己决定。而且一般而言，因果报应法则之手略强于命运法则。因此，只要持续想好事、做好事，即使命运不佳的人也会出现转机。相反，如果持续想坏事、做坏事，原本命运再好的人，也会陷入困境，甚至身败名裂。

结论就这么简洁明快。

人生由命运和因果报应交织而成。同时，即使像了凡先生一样，相信并努力实践因果报应法则，不断想好事做好事，但因为有命运法则的存在，人生中仍然可能遭遇灾难或喜逢幸运。把灾难和幸运都看作磨炼心灵、磨炼意志的机会，因而由衷感谢，并继续做好该做的事。这就是稻盛先生阐述的完整的人生观。

很多犯错误的官员在检讨时，都有一个共同的悔恨：就是受名誉、地位、金钱、美女的诱惑，自己的世界观、人生观发生动摇，越过底线，做出了荒唐的事，违法的事。

这种说辞也许不错。但问题是：他们并不知道人生是怎么回事，所以也不知道什么是正确的人生观。从这个意义上讲，其实他们从来也没有树立过正确的世界观和人生观。

所以 400 年前的袁了凡的故事，直到现在为止，仍然具有巨大的现实意义。而稻盛先生透彻解读和认真实践了《了凡四训》，他再把自己的见解和经验如实告诉我们。

附

稻盛和夫在《活法》发行 50 万册庆典的讲演要录

　　我认为，我所思考的活法，也就是我的人生观，立足于做人最基本的伦理观和道德观。我一生着力追求在实践中彻底地贯彻这样的伦理观和道德观。正因为是基于最基本、最朴实的做人的原则，所以，我想本书的观点能够超越国家、语言、民族和宗教的障碍，普遍地为人们所接受。

　　同时，我的思想在中国能被广泛接受，还有一个原因。就是自古以来，在这个世界上，在追求正确的为人之道，追求做人应有的姿态方面，中国人最为真挚。

　　可以证明这一点的是：以《论语》为代表的许多中国古代典籍，长期以来教化了包括日本在内的亚洲近邻诸国的人民。

我想，正是继承了"追求圣人之道"这一优秀传统的现代的中国人，对于拙著《活法》所阐述的观点，才会有更宽阔、更深刻的理解和感悟。

中国经济取得惊人的发展，中国正在成为领先世界的经济大国。为了祝愿中国的进一步发展和中国人民更加幸福，今天，我想借这个难得的机会，就"人生"这个话题，谈一谈我的看法，这是我一直以来经常思考的问题。

到本月底，我将79岁了。我出身是技术员，当初研究开发新型陶瓷，27岁时创建了京瓷公司，经营企业至今已超过了半个世纪。

在这期间，我独自思考："人生该是这样的吧！"我逐步形成了自己的人生观。而且实际上，我就按照这样的人生观走着自己的人生之路。

人生是什么？对这个问题，是知还是不知，是懂还是不懂，人生的态度、人生的道路将会完全不同。因此，今天我想以《人为什么活着》为题，来阐述我自己对于人生的思考。如果我的讲话对大家有所启示，能给诸位今后的人生做参考的话，我将十分高兴。

前面已经提到，我缺乏经营的经验，年纪很轻就担负起经营企业的重任。怎样去经营，企业才不会破产？怎么做才能保护自己的员工？创业之初，我每天都苦苦思索，烦恼不已。

现在我是在经营企业，但这个企业究竟能不能顺利发展？该怎么做才能避免企业倒闭的悲剧？怎样才能使企业顺利发展？

一边思考这些问题，一边每天都拼命地工作。与此同时，我还不断地思考另外一个问题，就是"人生究竟是什么？"，虽然当时我还是一个青年。

人生这个东西，就是我们从生到死走过的历程，这个历程是不是每个人命中已经注定了呢？就是说，是不是每个人原本就具备各自不同的"命运"呢？如果是的话，那么这个命运是自然授予的呢，还是神灵授予的呢？这一点谁也不知道。但是，我们不都是背负着各自与生俱来的命运降生人世的吗？我开始就是这么想的。

我们顺着被注定的命运这条经线度人生，同时在命运的摆弄下，我们在人生过程中会遭遇到各色各样的事情。

同时，在这个过程中，如果想好事、做好事，人生就会产生好的结果；如果想坏事、做坏事，人生就会产生坏的结果。就是说，人生中还存在"因果报应的法则"。我又开始有了这样的想法。

在顺着命中注定的命运行进的时候，在每一个节点上，由于自己的想法不同，做法不同，就会出现新的、不同的人生结果。因果报应法则这条纬线不也行走在我们的人生之中吗？我就这么思考。

换句话说，每个人各自的人生，都是由命运这条经线和因果报应法则这条纬线交织而成的一匹布。我的思考又进了一步。

诸位可能不相信命运的存在，也不相信因果报应法则的存在。但是，我从年轻时开始，就相信了命运和因果报应的法则。

我相信命运和因果报应法则，契机是读到了中国的《阴骘录》这本书。当时我还很年轻，正为经营的事情烦恼不堪。这本书对"命运和因果报应法则交织形成人生"这一观点做了精辟而透彻的解说。

今天，我想把这一段内容介绍给大家。

《阴骘录》的作者叫袁了凡，这本书写于400年前中国的明朝时代，离现代并不太遥远。现在以《了凡四训》为题的这本书，在书店里也能买到了，我想有人也知道这个故事。

袁了凡原名袁学海。有一天，一位长着长须的老人来到少年学海的家，对学海说："我是在云南专门研究《易经》的。"

这位老人说："我奉天命来到这个地方，向袁学海少年传授我研究的《易经》的精髓。所以，我才从遥远的南方来到这里。"

这天，老人就住在学海家里。学海的父亲年轻时就过世了，少年学海与母亲两人相依为命。

这天夜里，老人把学海的母亲叫到跟前，看着坐在一旁的学海，说起了少年学海未来的事。

"学海妈妈，将来你是想把这个孩子培养成医生吧。"

"是的，我是这么想的。我们家从他祖父一代就是医生，英年早逝的孩子父亲也是医生，所以我打算让他将来也当个医生。"

"不！不！这孩子不会成为医生，他会参加科举考试，将来成为高级官员，出人头地。"

老人接着说：

"这孩子哪一年会参加县里的考试，在多少人中排名第几。又会在哪一年参加府里的考试，在多少人中排名第几。在几年后，又参加道里的考试，在多少人中排名第几。

"最后，在录用官员的考试中成绩优秀，成为中央部门的官僚，后来又出任地方长官。会结婚，但很遗憾，没有孩子，天寿53岁。这就是这个孩子的命运。"

所谓科举考试，大家都知道，要经过县、府、道这几个阶段，最后，如果在中央政府任命官员的考试中合格，就可以成为国家的高级官僚。这位老人对学海在各个阶段考试的结果都做了预测。

"一个古怪的老人说了些不可思议的话。"当晚听了老人的话，少年学海就这么想。

但是后来，学海的人生同老人预测的完全一样，哪一年参加哪种考试，在多少人中排名第几位，最后出任地方长官。一切都不出老人所料。

学海顺利地当上了中央政府的官员，当时他还很年轻，不久他又去南京赴任，南京有一家出名的禅寺，叫栖霞寺，寺里有一位著名的法师叫云谷禅师。学海久闻其大名，到南京后不久，就拜访栖霞寺，请教云谷禅师。

云谷禅师说："欢迎，欢迎。"把学海长官接进寺院。"我们一起坐禅好吧"，于是两个人就一起打坐。学海坐禅十分到位，心境清澈纯粹，没有一丝一毫杂念妄想。看着年轻的学海坐禅的样子，云谷禅师既吃惊又佩服。

"真的很了不起！你曾在何处修行？你坐禅时如此沉静，一定经历过刻苦的修行。"

"不！我并没有特别的修行经验，禅师夸我没有杂念妄想，倒让我想起了一件事情。"

于是，学海就谈起了少年时代遇到那位长须老人的故事。

"其实，我少年时，有位老人来访，面对母亲和我，就我的命运，他做了种种预测。后来我的人生果然一如老人所言，一步步走到今天。像老人预测的一样，我年轻做官，又赴任来到此地。虽然结了婚，但到现在还没有孩子，53岁时我就会死去。所以，今后要这样、要那样，想这么做、想那么做，这一类希望或野心，我早已放弃，我只想遵照命运的安排，淡淡地度过我的余生。你看我既无杂念又无妄想，大概就是这个原因吧。"

本来和颜悦色听学海讲话的云谷禅师，听到这里，脸色一下子严肃起来，他严厉地斥责了学海：

"本来我以为你那么年轻，那么聪明，是一个开悟的贤人，不料你竟是个大笨蛋。确实，如那位老人所言，我们都背负着各自不同的命运来到世上。但是，世上有完全顺从命运度过人生的傻瓜吗？命运是可以改变的，世间存在因果报应的法则。想好事、做好事，命运就会向好的方面转变，想坏事、做坏事，命运就会向坏的方面转变。在我们每个人的人生中都俨然存在这样的因果报应法则。

"善因结善果，恶因生恶果。最初，我们每个人都根据命运的安排度人生，但在这过程中，我们会遭遇各种各样的事情。在遭遇事情的时候，想好事、做好事，人生就会朝好的方向行进，即命运好转。如果想坏事、干坏事，命运就会逆转，向坏的方向行进。这就是所谓人生。"

学海年轻当官，禀性正直。听了云谷禅师一番教诲，深受感动，离开寺院，回到家里，学海对夫人说：

"今天与禅师相会，学到了这么重要的道理。从今以后，我要尽可能去想好事、做好事。"

夫人也是既聪明又正直的人。对学海的话产生了共鸣："如果你真的那样想，我就跟你一起干。今后每天每日，咱俩互相提醒，哪怕是小事，只要是好事，就一起想，一起干。"

《阴骘录》这本书到这里场景一变。

"儿子啊，你父亲的人生，就是刚才所讲的这么一个人生。有幸在禅寺拜见了禅师，听了他有关因果报应法则的教导后，我和你母亲商量好，不管事情大小，我们都要一起用心想好事，尽力做好事，并且持之以恒。

"这样做的结果，据说绝不可能出生的你出生了。说我53岁就要寿终正寝，但我今年已经快70了，还活得这么硬朗。"

了凡给儿子所讲的这一段故事，就是《阴骘录》这本书的概要。

读到这本书的时候，我还是中小企业阶段的京瓷的经营者。不知何时经济萧条的风暴袭来，公司或许就会垮台。但是，无论如何也不能让公司倒闭，一定要把企业持续经营好，必须保护企业的员工。同时，必须拼命努力来报答出资的股东。为此，我苦闷困顿，烦恼不已。同时，作为一个青年人，我还为人生而烦恼：连一刻之后的光景也看不清楚的这个人生，究竟应该怎样去度过才好呢？

正在痛苦烦恼时，读到了这本书。"啊！原来如此，人生原来是这样的啊。如果是这样，我就想度过一个与人生法则相吻合的人生。"我形成了这种想法。

与《阴骘录》这本书相遇，我产生了这样的想法：

"前面究竟有什么样的命运在等候我，我无从知晓。但是，在命运的安排下，在人生的进程中会遭遇各种各样的事情，那时候，就要尽可能想好事、做好事。我就想这样去度过人生。"

然而，当时我还很年轻，接触《阴骘录》这本书后，虽然有了上述的想法，但要确凿地信奉命运和因果报应法则，我却仍然做不到。

为什么在内心深处很难完全相信呢？因为我们经常看到，在这个世界上，有的人非常善良，具有美好的心灵，具有一副热心肠，他们也想好事、做好事，但是他们的人生却并不幸福；与此相反，世上还有这样的情形，有些人看上去就不是好人，他们想坏事、做坏事，但他们似乎生活得蛮滋润。

事实也是这样，即使你想好事，即使你做好事，也不会马上就给你的人生带来好结果。做了好事，到好结果出来之间，有一个时间差，是一个月之后呢？一年之后呢？还是十年之后？不知道。

况且，我们各自持有的命运的存在，也会影响事情的结果。

原本就有命运，我们都顺着这条命运之路前行。在这过程中，碰到原来就该有好运的年份，哪怕稍微想一点、做一点坏事，也不会马上就出现坏的结果。相反，在命运很坏的年份，即便想一点、做一点好事，好结果也不会马上出现。

就是说，如果像1+1=2那样，结果以简单明快的形式出来，那么，人们就会相信因果报应法则。但因为命运和因果报应法则是重叠的，所以明确的结果出不来。因此，人们很难相信因果报应法则的存在。

尽管如此，《阴骘录》中所讲述的，命运的经线和因果报应法则的纬线，两者交织而成的布，那样的东西就是我们的人生。对于这个道理，我要去理解，要去相信。为此，虽然有苦恼，但我仍然拼命地思索。

但是，当时我还年轻，又出身理工科大学，作为工程师长期从事新型精密陶瓷的研究开发，养成了信奉科学合理的思维方式。想好事、做好事，人生就会向好的方向转变。这样的说法，即使我想要去相信，也很难简单地说服自己。

此后，我相信了因果报应法则。那是因为我听了一位大学老师有关宇宙形成的一番高论，他是宇宙物理学的权威。他的理论让学理工科、搞技术开发的我彻底折服，我从内心接纳并相信了因果报应法则的存在。

据说，我们居住的这个宇宙在137亿年前，不过是一个小小的、高温高压的基本粒子的团块，这个团块发生大爆炸，才形成了现在的这个宇宙，而且现在它还在继续膨胀。这个被称为"大爆炸"的理论，是现代宇宙物理学中，对有关宇宙形成，所做出的最尖端的理论性的解释。

宇宙最初不过是一小撮基本粒子的团块，引发大爆炸后开始膨胀。在这个爆炸和膨胀的过程中，基本粒子互相结合组成质子、介子和中子，这三种粒子又结合成原子核，这个原子核又带上一个电子，这个宇宙中最小、最轻的原子即氢原子诞生了。

氢原子虽然我们的肉眼看不见，但它有原子核，环绕原子核的周围，有一个电子在转动。原子核由质子、介子和中子组成，如果将原子核击破，就会有多个基本粒子出来。

这个宇宙原本是肉眼看不见、也无重量的一小块基本粒子，因大爆炸生成原子，原子互相结合成重原子，这样接二连三结合成原子，这就是现在的宇宙。

现在，地球上有超过 100 种的元素或原子。这种原子再同别的原子相结合组成分子，分子又互相结合成为高分子，高分子中出现 DNA，创造了生命的源头，地球上诞生了生命体，这个生命体再不断进化，一直到形成人类。

原本宇宙是无生物，宛如一缕烟霭，仅仅是肉眼看不见的一撮基本粒子的团块。但是，造物主没有将基本粒子原封不动地放置不管，一刻也没有放置不管，而是让它们不断地成长发展。

换句话说，这个宇宙间存在着让森罗万象、一切事物都不断生成发展的法则。或者说，这个宇宙间流动着一种"气"，这种"气"关爱和培育无机物、有机物和一切事物，引导它们不断向好的方向发展。或者说，宇宙间充满了关爱一切事物、将它们引向好的方向的"爱"。

宇宙从诞生到今天，在 137 亿年这样漫长的历史中，宇宙一刻不休地关爱一切事物，将它们向好的方向引导。

孜孜不倦、不断付出，这就是宇宙。不妨说宇宙具备这样的意志，宇宙中充满了爱，宇宙具备关爱、培育万事万物的意志。这种说法符合逻辑——当听到宇宙物理学最尖端的大爆炸理论时，我产生了这种想法。

我们就居住在这样的宇宙之中。因此，我们怀抱怎样的愿望，采取怎样的行动，意义重大。如果我们所抱的愿望，与将一切事物向好的方向引导的宇宙的想法相一致，就是说，当我们抱有关爱一切、祈愿一切都好的愿望时，就是遵循了宇宙的意志，与宇宙的波长合拍，就能取得卓越的成就。

这样来思考，道理就通了，"果然如此"，我可以点头称是了。《阴骘录》所说的"想好事、做好事，就有好的结果"这样的因果报应法则不再是单纯的迷信了，我理解了这条法则。理工科出身、爱讲逻辑的我，喜欢用科学解释事物、追究合理结论的我，到了这一步，终于理解了因果报应的法则。

人生中存在因果报应的法则，这个结论我能够接受了。从那时起我相信了这个法则。因此我想，在我的一生中，在我经营企业的过程中，我要尽可能思善、行善，借此避免灾难，避免公司倒闭，避免员工沦落街头。

但是，即便相信因果报应法则，遵循这条法则去做事，人生还是难遂心愿，时而飞来横祸，时而撞上好运。忽喜忽忧，喜忧参半，这就是我们的人生。

在企业经营中，我遭遇过许多灾难，也碰到过不少幸运。我认为，这些都是人生的考验。同时，我也意识到，在面临人生考验时，如何应对是非常重要的，这决定了我们今后的人生。

大自然会在人的一生中给予我们很多考验。我所谓的考验，有时是灾难，有时则是幸运。虽然很多人认为灾难才是考验，但是我认为幸运的降临也是一种考验。

而且，无论是遭受灾难，还是遇上幸运，都应该以感谢之心予以接纳。应该以"非常难得"这种感谢之心，接受灾难的考验。但是，人在遭遇灾难时，往往怨天尤人，"为什么偏偏是我遭此不幸"，以至忧愁悲叹，自暴自弃。而一味发牢骚、说怪话，人生就会越来越黯淡。

决不能让自己陷入悲观失望的境地！无论遭遇何种灾难，都应该将其当作神灵给予的考验，坦然接受，积极乐观，一味努力向前。——我这么想，逐步形成了自己的人生观。

说起自己的经历，我觉得很难为情。但是，我还是要回顾我的人生，讲一讲有关的事情。

我出生于日本西南部的鹿儿岛市。小学毕业前，一直都是淘气的孩子王。在第二次世界大战期间，我报考了鹿儿岛市最著名的中学，因为平日不用功，结果名落孙山。第二年继续报考该学校，再次落第。当时我只有十二三岁。而与此同时，我患上了肺结核，我甚至想到了死亡。推迟一年后，我进入私立中学就读。当时正值二战结束前夕，我家的房屋被美军飞机炸成了废墟，经营印刷店的父亲失去了工作。战后，我们就在火灾后的不毛之地上，过着异常贫穷的生活。

后来虽然进入高中，但进大学却不敢奢望。多亏高中老师竭力说服我的父母，最后总算让我上了大学。很可惜，我没能考上第一志愿的大阪大学医学部。无奈之下，只好就读于当地鹿儿岛大学的工学部应用化学专业。

学生时代，贫困的父母供不起学费。我只能通过育英奖学金和打零工赚取学费，伙食在家里解决，就这样念完了大学。

我于1955年大学毕业，当时朝鲜战争刚刚结束，是就业困难的时期，没有一家公司肯录用我。那个时代，地方大学毕业的学生，很难得到总部位于东京、大阪等大城市一流公司的录用。

当时，我愤世嫉俗，用消极的目光看待眼前的社会。我想，认真工作、诚实度日的人，不也生存艰难吗？在大学里，我曾练过空手道，我甚至想过，如果再这样找不到工作的话，干脆去投奔黑社会，反正我的力气不小。

大学的指导老师看我可怜，同情我，为我到处奔走，总算帮我找到了工作。

我就职的公司位于日本的古都——京都，是一家生产高压线绝缘瓷瓶的企业。老师的朋友在那里当技术部部长，通过这层关系，介绍我进了公司。

但是进公司后我才发现，该公司从战后开始就连续赤字。财务状况糟糕，就连我这个新员工的工资从入职后次月就开始拖欠。公司内部劳动争议不断，一片衰败的景象。

虽然是承蒙老师介绍好不容易才进的公司，但是我却觉得这样的公司不宜久留。不仅我这样想，同期进公司的其余4名大学毕业生也有同感，不久他们一个个相继辞职。

4月份才刚刚入职，但是到了秋天，同期进公司的大学生均已离开，最终只剩下了我一个人。在那个就业难的时代，即使辞职我也无处可去，只能继续留在这个破公司里。

既然别无选择，我就下定决心，要在这个公司简陋的研究室里，聚精会神，努力做好分配给我的精密陶瓷的研究工作。

生存环境越是严酷，想要转移心思，逃离这严酷现实的念头就越发强烈。抱着这样的念头，我全神贯注，埋头于研究。结果不知不觉间，我觉得往返于宿舍与公司间的时间也得珍惜，于是将锅碗瓢盆一股脑儿搬进研究室，全身心投入了研究。

当时，我感叹自己命运不好才进了这家破公司。我还怨恨不公正的社会，怨恨毕业时不肯录用我的公司。没有后台就进不了好公司，这样的社会我憎恨，我怨恨命运不公。一段时间内，我曾一味地鸣不平、发牢骚。然而，当全身心投入研究的时候，我得以摆脱了恶劣情绪的纠缠，忘却了世间的忧愁。

不可思议的是，当我专注于研究时，实验进展顺利，取得了可喜的研究成果。结果，上司表扬我，周围的人也对我刮目相看。得到表彰，我更加来劲，更加努力。而越是努力，研究进展就越顺利。从这个时候起，我的命运发生了转折，不断地向着好的方向发展。

从大学毕业后进公司之前，我的人生中充满不幸。中学考试两次落第，患上被称为不治之症的肺结核，没考上志愿的大学，没有通过一流公司的入职考试。好不容易才进去的公司又破败不堪，现在正濒临破产。同期入职的4名员工纷纷辞职离去，剩我一人无处可去……

我的少年时代、青年时代可以说是灾难重重。残酷的命运无情地捉弄我，我憎恨灾难，我满腹牢骚。然而，就是这样的我，在全身心投入研究后，转眼间时来运转，悲观的心情也就此一扫而光。

正因为我有过这样的亲身经历，我就很自然地产生了下述的想法，就是前面提到的：把灾难当作神灵给予的考验坦然接受，要积极乐观，一味努力向前。

从孩提时代起，到进入公司时所发生的一切不幸，以及随后我命运的好转，思考我人生的这一过程，我强烈地意识到，在这个世界上，确确实实地存在着因果报应的法则。

开头我说过，我27岁时创建了京瓷，现在京瓷的销售额已超过1万亿日元、成为日本产业界不可或缺的制造厂商之一。还有25年前创建的KDDI，通过手机等事业，销售额已逼近4万亿日元，两个公司的利润合计已超过5000亿日元。这两家都成了非常杰出的、优秀的企业。

我出生于日本的一个地方小城市，是个随处可见的普通少年、平凡青年。然而正是这样的我，却创造了两家大企业，这本来是不可能的事。只是因为我在自己的人生中遵循了因果报应法则，才使不可能变成了可能。我自己切身的人生经验，让我相信了因果报应法则的存在。

人往往容易接受命运的摆布。但是，在人生中，只要坚持想好事、做好事，总是乐观向上，积极进取，那么，人生就一定会朝着好的方向转变。从自己的切身体验出发，我对此深信不疑。

刚才我提到，幸运的降临也是一种考验。实际上，自然或者神灵，有时会赐予我们意想不到的好运，比如，一时甚至赐予我们万贯财富。

日本曾经历过泡沫景气时期。当时，很多经营者沉醉于泡沫带来的景气之中，通过不动产以及股票投资获取了巨额财富，接连多日，他们在报纸、杂志中粉墨登场，抛出豪言壮语："凭借我自己的才智和能力，公司才创造了今日的辉煌。"然而好景不长，泡沫一旦破裂，这些公司纷纷破产，这些经营者顷刻陷入危机，身负巨额债务，痛苦不堪。我亲眼看见了这一幕。

本来是神灵偶然赐予的幸运，但这些人却自以为是："这是依靠我自己的力量、自己的才智获得的成功。自己能力强、手段高，所以才获得万贯财富。"这种傲慢狂妄的人，最终难逃灭亡的命运。

中国古代典籍《书经》里说，"满招损、谦受益"。具体来说，认为一切成功都是依靠自己一个人的努力，具有这种傲慢思想的人，他们的幸运不可能长期持续。只有谦虚的人，才能得到长久的幸福。

尽管自古以来我们就了解这个道理，然而，那些极尽荣华富贵的人，他们中的大多数仍然会骄傲自大，最终落入悲惨的境遇。

每当看到这样的事例，我就会想到，在人生中所遭遇的灾难和幸运都是考验。面对灾难，不要悲观消沉，不要怨天尤人，而要怀抱真诚的感谢之心，持续不懈地努力。同时，无论遇到多么幸运的事情，都不能自以为是，不能将幸运带来的成果占为己有。

但是，我们人总会明知故犯。虽然我们明白这些道理，但当幸运或灾难的考验降临时，我们又忘记了这些道理。结果就糟蹋了自己的人生。我希望大家不管遇到什么样的考验，都要以感谢之心坦然应对，努力奋斗，持之以恒。

抱有怎样的思想，采取怎样的行动，人生的结果就会随之而不同。

我衷心盼望汇集于此的各位朋友，一定要存善念、行善事，持之以恒，度过自己精彩的人生。

今天，我很冒昧，我讲的话近乎说教，但这些话都是我的肺腑之言，都是我在漫长的人生中所坚信的道理。我只有一个心愿，就是希望大家的人生更加精彩。

今天有机会在这里发表讲演，我非常感谢。刚才我所讲的对人生的思考，都归纳在拙著《活法》当中。在讲演结束之际，我衷心希望《活法》能够到达更多中国人、更多的中国有识之士的手中。我期待本书能助上一臂之力，使读者们的人生更丰富，使社会更繁荣，进而对国家的持续发展做出贡献。

第十章

"敬天爱民"和"敬天爱人"

2020 年 7 月 7 日，我通过信件向时年 88 岁的稻盛先生请教一个问题，是关于"敬天爱人"这四个字出处的问题。

我这样提问：

据说当年成吉思汗打下江山以后，向高人丘处机请教治国之道，丘处机说，"敬天爱民为本"。

又据说，这句话到了日本西乡隆盛那儿，就改成了"敬天爱人"。

"爱民"是指上对下，是指高高在上的皇帝要关爱子民。

"爱人"是人与人之间平等的爱，没有上下之分。

这一字之改，意义重大。

我的问题是：当初，就是稻盛先生把"敬天爱人"作为京瓷公司的社训时，稻盛知道不知道这个出处。我认为，稻盛先生很可能不知道"敬天爱人"来自"敬天爱民"，所以我想请稻盛先生亲自确认一下。

稻盛先生回答说："不知道。没听说过。"

在这里，我想说的是，中国文化对于稻盛先生乃至对于日本民族的影响有时是潜移默化的，是润物细无声的。

同时，日本民族接受中国文化，有时会做些改造或做另样的解释。比如，我们说"各人自扫门前雪，莫管他人瓦上霜"，意思是不要多管闲事，明哲保身为好。似乎有点消极的意思。但我看到，有日本人这么解释：连自己的"门前雪"都没有扫好，怎么有资格去管别人的"瓦上霜"呢？

"敬天爱人"是稻盛先生最喜欢的格言，也是稻盛先生创建的京瓷公司的"社是"，就是公司信条。稻盛先生一辈子遵循这一信条，从不动摇。

我们请稻盛先生题字，他一般都会写下"敬天爱人"这四个字。"敬天爱人"出自阳明学的信奉者西乡隆盛。

西乡隆盛是明治维新的革命功臣，是稻盛鹿儿岛的同乡前辈，是稻盛先生心目中的大英雄。

稻盛先生的恩人之一宫木社长在出差途中，买了一幅临摹的西乡的书法，就是"敬天爱人"四个大字，特地送给刚创业的稻盛。稻盛先生当时感动得流下了热泪。他马上请人裱好后挂在了自己办公室的中央。

但是，当时稻盛先生虽然很激动，但对"敬天爱人"的含义却没有作过深入的思考，他还没有切身的体验。

稻盛先生是理工科出身，创业时对企业经营一窍不通。但是既然开公司当了经营者，就必须对公司的各种事情做判断。

一旦判断失误，刚刚诞生的小企业，就可能很快破产。稻盛先生深感责任重大，常常因为担心而睡不着觉。

经营者需要不断地对面临的问题做出正确的判断。那么，怎样才能做到这一点呢？

稻盛先生说：

要做出正确的判断，就需要正确的判断基准。那么，拿什么作判断的基准呢？在苦苦思索之后，来了灵感。我想到了原理原则。这里所谓原理原则，就是

"作为人，何谓正确？"这么一句话。从小父母、老师教导过的，不外乎"是和非，对和错，好与坏，善与恶"这类最朴实的道理。如果这个可以作为判断基准的话，那不困难，我能够掌握。

明确了判断基准，稻盛先生心里有一种豁然开朗的感觉。第二天，稻盛先生就把全体员工召集起来说：

> 从今以后，我们公司就要把"作为人，何谓正确？"当作一切判断和行动的基准。也许有人会说，这是不是过于简单了。但是，事物的本质本来就是简单明了的。

那天回到办公室，抬头看到"敬天爱人"四个字，稻盛先生心里一动。把"作为人，何谓正确？"当作判断基准，就是按天指示的方向去做，就是敬奉天理，这不就是西乡隆盛教导的"敬天"吗？稻盛先生由此更加坚定了自己的信念。

"天"是那么广阔无边，那么不可思议。敬天、敬奉天理，不是很抽象吗？但稻盛先生却用"作为人，何谓正确？"这一句话具体表述了这个难以捉摸的所谓"天理"。正如稻盛先生所说"作为人，何谓正确？"无非就是公平、正义、勤奋、谦虚、自利利他等等我们每天都在实践的、做人最基本的价值观，这些都是自己从小就懂的道理，是人的良知，每个人内心都有这种良知。只要运用这种良知去判断和行动，这就够了，这就是天理。换句话说，天理就在我们每个人的心中，天理即良知。应顺天理，就能无往不胜。虽然道路总是曲折的，但前途一定是光明的。

上面讲的是所谓"敬天"。

稻盛先生创办京瓷的目的是要把自己的技术发扬光大。但在公司创立后第二年，公司招进了十几名高中毕业生。经过一年的训练，他们都成了骨干。当时京瓷虽然也算一个高新技术企业，但刚刚起步，规模很小，工资不高，加上是做精密陶瓷产品的企业，工作现场又是粉尘又是高温，劳动条件不好，而且还经常加班，管理又很严格。这些高中毕业的小青年们受不了了。他们拿了一张纸，列出条件，签上名字，按上血印，向稻盛先生展开团体交涉，要求每年加多少工资、发多少奖金，如果不答应，就要集体辞职。因为当时企业的前景还不明朗，稻盛先生觉得不能违心地接受他们的条件。但如果他们真的辞职，公司会受到很大的损害。同时，稻盛先生也相信，只要他们跟着自己好好干，他们的前途也一定很好。所以稻盛先生花了三天三夜，苦口婆心说服他们。

稻盛先生虽然拒绝了他们提出的条件，但承诺要把公司办成大家心目中公认的好企业。但这些小青年不相信，他们说：

> 资本家、经营者总是嘴上说得好听，用甜言蜜语来欺骗我们劳动者。

稻盛说：

> 是欺骗不是欺骗，我没办法证明。既然你们有辞职的勇气，希望你们抱着"就算上当也试试的勇气"跟我干，我哪怕是拼上性命也要把公司做好。到时候，如果你们觉得真的上当受骗了，那你们把我杀了也行！

虽然最终说服了他们，但此后一段时间，稻盛先生一直很苦闷。因为稻盛先生最初办企业的目的是所谓"技术问世"。但对他的这种个人抱负，员工们却不理会，不拥护。而经营者得不到员工的信任和尊敬就办不好企业。

这时候稻盛先生毅然决然，将京瓷的经营理念重新定位，这就是：

> 在追求全体员工物质和精神两方面幸福的同时，为人类社会的进步发展做出贡献。

当稻盛先生在想清楚这一点之后，当他回到办公室抬头看见"敬天爱人"四个大字时，心里又一动：

> 这次经营理念的改变，不就符合了西乡所倡导的"爱人"吗？关爱世人可不是空话，首先应该从眼前的员工做起。

这样，稻盛先生对"敬天爱人"的体验又加深了一步。从此，稻盛先生不但把敬天爱人当成京瓷公司的社训，而且让全体员工共同拥有，共同实践。

2010 年的 11 月 1 日，在青岛海尔，张瑞敏曾当面请教稻盛先生一个问题：

在"敬己爱钱"的社会环境中，如何才能坚持敬天爱人？

稻盛先生回答说：

这的确很难，但虽然难，我们却必须抱着信念，坚持"敬天爱人"。我们不能与那些唯利是图、敬己爱钱的人同流合污。我的经验是，我比他们更勤奋更刻苦，努力的程度，超过他们好几倍。几十年的事实证明，我和我的团队并没有输给他们。

稻盛先生的回答铿锵有力。

做人应该做的正确的事情，这就是"敬天"；企业把员工放在首位，在追求员工幸福的同时，还要为人类社会做出贡献，这就是"爱人"。

"敬天爱人"就是稻盛先生一辈子贯彻实践的哲学。京瓷和 KDDI 的持续繁荣，日航的起死回生，我们成千上万家盛和塾企业的进步，都印证了"敬天爱人"这个哲学的正确有效。

同时，从宏观的意义上讲，我认为，也只有"敬天爱人"的利他哲学，才能引领我们人类走出迷茫。

第十一章

"以德为本"和"孝为德本"

稲盛先生对中国的优秀文化情有独钟，在他的著作和讲演中，中国圣贤思想的影响随处可见。《易经》《孔子》《孟子》《老子》《菜根谭》《呻吟语》"阳明心学"等经典中的格言警句，稲盛先生不仅经常引用，而且贯彻实行。

下面再介绍几节尚未公开的稲盛先生的有关讲话和故事，希望对我们同样很有启示。

（1）"以德为本"的经营

2007 年 7 月 5 日在天津，稻盛先生以《以德为本的经营》为题发表讲话，其中他说道：

> 如何治理组织，同在政治和外交领域一样，存在着"以力而治"和"以德而治"两种方法。换句话说，集团的统治管理，存在着基于德的"王道"和基于力的"霸道"这两种方法。
>
> "王道"和"霸道"这两个词，是中国革命先行者孙文在 1924 年访问日本神户，作讲演时着重论述的。
>
> 当时，日本在日俄战争中获胜，接着在第一次世界大战中，日本所属的协约国又取得胜利。日本开始采取帝国主义的国家政策。而当时在中国，孙文决心发动革命，推翻清王朝，建立新中国，为寻求援助，访问日本。孙文向日本人提出了关于"王道和霸道"的问题。（见第二章）
>
> 遗憾的是，日本没有倾听孙文的忠告，一意孤行，陷于霸道而不能自拔，持续所谓"富国强兵"的国策，对中国和亚洲各国发动侵略战争，不仅给亚洲人民带

来了巨大伤害，也使很多本国人民成为牺牲品，大半
国土化为废墟，陷入悲惨境地，最终于 1945 年无条件
投降。

孙文所说的"王道"，是指"以德为本"的国家
政策。所谓"德"，中国自古以来用"仁""义""礼"
三个字来表示。"仁"指的是慈悲之心，"义"指的是
合乎道理，"礼"指的是知晓礼节。"仁""义""礼"
三者兼备之人被称为"有德之人"。"以德而治"意思
是依靠高尚的人格来对集团进行统治管理。

我认为，这个道理在企业经营中同样适用，企业
要持续繁荣，要保持"和谐"，经营者必须贯彻"以
德为本"的方针。经营者具备高尚的品德，获得员工
们由衷的尊敬，才能有效建立"和谐企业"，这正切
合本届论坛"建设和谐企业"的主题。

欧美多数企业，以霸道即"力量"来管理企业。
比如说，运用资本的逻辑决定人事权、任命权，或者
通过金钱刺激来驱使员工。

以"力量"统治企业的象征，是经营者与员工之
间极为悬殊的收入差异。欧美企业的经营者们，包括
股权在内的收入，与普通员工相比，往往高得离谱。

美国大企业的经营者，年薪高达数十亿日元的屡见不鲜。

无论经营者如何高明，光靠领导者的战略，企业经营不可能顺利展开。大企业拥有几万名员工，只有每位员工每一天，在每个岗位上认真工作，企业才能正常地运行。企业的销售额和利润是他们汗水的结晶。

因此，将企业的经营成果归于经营者个人，他们的收入高于普通干部、员工达数百倍，这是不正常的。可是许多经营者却心安理得。越是优秀的经营者，往往越倾向于靠"力量"来统治企业。

然而，依靠权力来压制别人，或者依靠金钱来刺激员工的欲望，这类方法无法建设"和谐企业"。这样的经营，即使能够获得一时的成功，但终将招致员工的抵制，露出破绽。企业经营必须把永续繁荣作为目标，我认为只有"以德为本"的经营才能实现这一目标。

另外，这种"以德为本"的理念，不仅在组织内部适用，在与客户商谈交涉的时候也很必要。比起玩弄手段，抓住对方弱点以势压人等办法，以"德"也就是以"仁、义、礼"为基础，用合理的、人性化的方法进行协商交涉，成效将更为显著。

年轻时，我也曾拿着自己开发的产品向客户推销。人们常说："做生意信用第一。"这种说法自然没错，但我认为做生意还有比这更高的境界，那就是客户不仅信赖你，而且从内心尊敬你，佩服你。

如果客户尊敬我，钦佩我，那么他们就不会计较价格高低，而会无条件地购买我的产品。获得客人的信赖乃至尊敬，才是生意人的理想境界。

与客户、与员工建立这种美好的关系，前提是经营者必须具备高尚的品格。经营者人格不断提升，企业就会不断发展。

（2）草创与守成孰难?

2013 年 10 月 14 日，稻盛先生接受中央电视台采访，在回答受中国圣贤影响时，稻盛先生说：

还有一条，在《贞观政要》一书中，唐太宗问他的侍臣："草创与守成孰难?"有侍臣说："草创易，守成难。"我认为，这句话特别对于经营事业的人来说，是极其重要的教诲。有才干，商业嗅觉灵敏，肯努力，因而取得成功的人不在少数，但要将成功长期持续下去却很困难。把成功长期保持下去，就是"守成"，这是非常困难的事情，这在1400年前的中国就在议论，并编写成书。我读到此书时，深以为然。真正成功经营企业、能持续50年、60年的人实在太少了。一时成绩骄人、声誉鹊起的人，一到晚年就出现颓势，这样的企业多不胜数。《贞观政要》的至理名言真是珍贵的教诲。

从这个意义上说，中国古代圣贤的金玉良言，到今天仍然具有巨大的现实意义。我认为，中国的典故中有许多卓越的教训，可以指导我们现代人度过美好的人生。

（3）意译儒释道

2013年7月16日在接受中央电视台记者采访时，稻盛先生说：

　　我也没有把中国的儒释道直接地、原封不动地照抄照搬，而是将它们"意译"，就是将儒释道的本质理解消化，变成自己的哲学，然后再向大家解说。那么，我的这个哲学能不能被西方社会接受呢？其实，中国的古代典籍，中国的先贤圣人，他们所阐述的核心思想就是正确的为人之道，就是"作为人，何谓正确？"。而我的哲学，也全部聚焦在"把作为人应该做的正确的事情，以正确的方式贯彻到底"这一点上。换一种说法，我强调的重点是：人应该从自己原本具备的良心出发来思考问题，来采取行动。换成中国的说法，就是为人处事应该遵循"良知"。换成西方的思想，就是要按照人内心深处具备的美好的爱心，也就是把"爱"作为自己思考和行动的准则。我的思想哲学也从这里出发，因此，即使完全不了解儒释道，即使缺乏儒释道文化的土壤，只要从人内心深处的爱心出发，来走人生之路、来展开企业经营，那么我认为，即使是西方人也能接受我的哲学，不会有矛盾和抵触。

　　我所强调的是：每个人内心最深处都有"良心"，

应该从这一良心出发思考"作为人，何谓正确？"，应该用这样的思维方式来度过人生。这种思维方式用西方的语言来表达的话，就是爱心。用爱包容一切，也就是对他人的关爱体谅之心、慈爱之心、慈悲之心。这是最为重要的。因此从这层意思上说，我刚才也讲过，哪怕是西方人，哪怕是基督教文化圈或伊斯兰教文化圈，大家都能理解并接受。

（4）儒学的利弊

2011 年 10 月 23 日在上海，稻盛先生接受某商业杂志记者采访。

记者问：

稻盛先生在上午的讲演中提到对孔子、孟子、阳明心学都有研究。但中国当代的学者都在做一些反思。比如谈到儒学，对社会的进步到底是一种帮助、推动，还是一种束缚。中国一直在一个轮回中打转，在打转中输给了西方。儒学在社会中究竟扮演了什么样的角色，以及它在现代社会中如何适应和发展？

稻盛先生答：

　　儒教的根本在于论述人应有的生活态度，其中包括人应有的思维方式、人生观。我认为其中许多内容仍然适用于现代社会。如果说儒教中存在不适应现代社会的内容的话，可能就是过分重视人的血缘关系。比如，一个家族中有人成功了，就要关照、帮助各种亲戚朋友；还有世袭制的问题，一定要让自己的子女继续自己的事业。在家族中尊敬、重视父母叔姨等长辈当然是应该的，是好事。但如果不适当地将这类关系放在一切之上，放在最优先的位置上，就会成为枷锁，有可能制约正常的社会关系。这一点在现代社会中会产生问题。但儒教在人应有的生活态度、人应有的思维方式、人应有的心态等方面有非常精辟的见解，现在仍应该发扬光大，活学活用。

记者问：

也有人认为东方的不管儒教也好，佛教也好，它更适合个人的修养，它有利于个人获得更大的幸福感。但不利于组织，不利于群体的进取心，竞争力，不利于创新。稻盛先生怎么看这个问题？

稻盛先生答：

确实佛教也好，古代的经典也好，主要用于个人的修心养性，磨炼自身的人格。但是，我认为，在现代的社会中，如果想把企业经营得非常出色，那么企业领导人必须是佛教和儒教中特别提倡的品格高尚的人。就是说，如果企业领导人私心很重，极其利己，只想自己获利。这样的人，如果欲望强烈，有进取心，拼命努力，一时或许也可能经营出色，把企业做得很大。但因为他持有的哲学的层次很低，他最终会把整个组织引向失败。所以我认为佛教、儒教不仅适合提升个人的品格，而且，从必须让品德优秀的人充当组织的领导人这个意义上讲，我不认为佛教儒教的思想不适合集团、不适合运行大的企业。恰恰相反，正是运作大企业的领导人更需要佛教儒学中的优秀的思想。

（5）日本的复兴

2009 年 11 月 1 日在北京，某著名杂志采访稻盛先生。
记者问：

日本在战败之后，所有的城市变成了一片废墟，几
乎什么也没有剩下，从那种状态下，重建能够这么成
功，靠的是日本人原本就拥有的精神层面上的东西吗？

稻盛先生答：

实际上，这种精神从根本上来说，是从中国传过
来的思想，就是孔子、孟子等古圣先贤们从人本出发
的哲学思想。

日本大约从四百年前的江户时代开始，就已经形
成了学习中国哲学思想的风气，并传授给了青年人。
这就是日本在什么都没有的状态下，能够在废墟上搞
建设的原因。精神层面的东西全部得益于两三千年来
的中国哲学思想，日本的年轻人在没有任何依靠的时
候，能够依靠的东西，就是这种精神层面的东西。这

就是日本从痛苦的废墟上，迅速得到复兴的原因。

从我个人来讲的话，我在创建京瓷的时候，思考最多的是，作为人什么是正确的，应该以什么样的基准来判断和行动。在一般的企业经营中，大家都是以能不能赚钱作为判断基准的。我创立京瓷的时候，就不是以赚不赚钱为判断基准，而是以做人的正确准则来判断和行动的。

另外一条，我的企业经营理念是，如果员工不能心情愉快地工作，不能发挥他们的聪明智慧来思考公司的战略战术的话，公司就难以发展。我想我一定要尊重员工，让他们心情愉快地和公司一起发展，以此作为我的理念。所以，公司的第一目的是，让所有员工物质和精神上得到双重的幸福，同时尽可能地为社会进步做出贡献。这些思想也是从中国的圣贤的思想中得到的启发。所以，和战后日本从废墟上获得复兴一样，京瓷公司也是这么一步步走过来的。

（6）孝乃德之本

2013 年 5 月我跟随稻盛先生去巴西，参加巴西盛和塾成立二十周年纪念学习会。会上有 10 对巴西父子经营者上台，讲述他们人生和经营的感悟，其中有人讲到了"孝"。这就让稻盛先生想到了中国的《孝经》。

回日本后，稻盛先生讲起了这件事。

被称为"日本阳明心学第一人"的中江藤树先生，据说他实践阳明心学，首先就是从"孝"开始的。

而稻盛先生以《孝顺父母是一切道德的根本》为题所做的讲话，其深刻动人，可谓入木三分。

其中两点让我感触尤深。

第一点，父母爱子女，特别是母爱，是刻入基因的。而"子孝"却不是先天的，必须通过教育。

第二点，真正的父慈子孝，必须有基本的价值观的共有。这两点说到了事情的本质。

稻盛先生说：

　　人们往往认为父母与子女的关系良好是理所当然的事情。但实际上却不是这么回事。在巴西盛和塾中，父亲和儿子通过共有相同的人生观、价值观、思维方式，就是说，共有我的哲学，父子关系结成了牢固的同志式的关系。我在这次巴西之行中，对此感触很深。

谈到这里，我想起了一件事，这是二十年以前发生的事。我读过一篇新闻报道，其中介绍了一姐一弟两个小孩，为了治好父亲的病，从金泽乡下来到东京寻找疫苗的经过。

有一位出身大阪的做屏风和隔扇的裱糊匠，因为他的妻子在东京文京区的医院住院，一天早晨，他看到两个小孩在医院门口徘徊。姐姐小学一年级，弟弟只有三岁。问他们在医院门口干什么，姐姐说："爸爸患肺癌住在金泽的医院里，听人说，东京文京医院的丸山疫苗有治疗效果，可以治好父亲的病，因此赶来东京。"

虽然持有医生开的介绍信，但没有人陪这两个小孩一起来东京。他们既没有地方可住，在旅途中也没吃任何东西。裱糊匠赶紧买了早饭让他俩吃，并陪他们一起去医院取疫苗。

"啊！爸爸得救了！"姐弟俩高兴极了。

但是姐弟俩已经没有钱了，裱糊匠看他们可怜，当即把自己身穿的大衣和皮鞋拿进当铺,帮他们解决了回乡的交通费。这两个小孩在上野站乘上了火车,两张小脸紧紧贴着玻璃窗户,与这位素不相识的大叔告别。

读了这段报道,我禁不止流下了眼泪。一个小学一年级的女孩,带着三岁的弟弟,一心救父,两手空空,从金泽来到东京。他们那颗纯朴的心感动了我。尽管嘴上大家都讲"要孝顺父母",但在现实生活中却很难做到。

认真想一想我们会明白,父母疼爱孩子、守护孩子乃是出于本能。特别是母亲,哪怕用自己的生命去交换,也要保护自己的孩子。这种发自内心的爱,可以说是"利他"行为的极致。这是一种基于遗传基因的本能。

但是据说,孩子孝敬父母、热爱父母却并没有排入遗传基因之内。必须通过道德教育、通过孩子的自我教育才能做到。所以从古以来,宗教、伦理就是一贯提倡孝道的。

作为父母,只要孩子能够离开自己独立生活,也就满足了,并不考虑一定要让孩子来照顾自己。说得极端一点，只要孩子幸福，就算自己死于荒野路边也决不后悔。我想，这乃是自然的法则。

"父母如此养育我、爱护我，我也要报答父母、孝顺父母"。自己对自己这么说，并付诸实践，这是"利他"行为的起点，是利他的原型。

中国儒家的经典之一《孝经》中说：

"夫孝，德之本也，教之所由生也。"

就是说"孝顺父母是一切道德之根本"。"利他"从孝敬父母开始。就是说，关怀他人、爱护他人这种"利他"之心，开始于为父母着想的、对父母的孝顺之心。我相信，具备这种纯粹的、美好的心灵的人就能够成为优秀的经营者，就能够度过幸福的人生。

我希望今天汇聚在这里的各位，通过共有这种朴实的伦理观和哲学，建立起亲密的父子关系、家族关系以及人际关系。

希望大家继续努力学习哲学。同时，对孩子也要教育。不是生硬的说教，要这么给孩子讲："爸爸正在学习这样的思想哲学，妈妈也在学，你有兴趣的话，咱们一起来学好吗？"父子共同拥有相同的伦理观、道德观、思维方式。这样的话，父子就能够步调一致，共同度过幸福多彩的人生。特别是，如果想让孩子继承自己的事业的话，哲学共有就非常必要。

（7）谦虚、反省和感谢

关于谦虚、反省和感谢，稻盛先生在许多著作和讲话中反复论述过，特别是在《六项精进》中，稻盛先生就"要谦虚，不要骄傲"，"要每天反省"，"活着，就要感谢"这三项根本性的道理，做了精辟的论述。这里不再重复。

我结识稻盛先生 20 年，在前 10 年中就有比较密切的交往。他喜欢我写的文章，日本《盛和塾》杂志上刊登我的文章共有 9 篇，这在全世界的盛和塾塾生中是没有的，实际上登过 2 篇的就不多。稻盛先生还亲自提议拙作《稻盛和夫成功方程式》用日文在日本出版，并亲自指定了日本的出版社。对于书的扉页上的两句话："稻盛先生是通过光明大道到达巨大成功的典范，是纯粹的理想主义和彻底的现实主义优美结合的典范"，他表示欣赏。他还聘请我当日本盛和塾的顾问。2009 年 6 月他还主动提议同我合办公司。同年我赠他的"经营之聖 人生之师"的对联（由中国企业文化研究会写成书法），至今挂在他办公室的墙中央。

在共同经营"稻盛和夫（北京）管理顾问有限公司"的这十余年中，彼此交往就更加亲密了。2013 年我还赠他对联："唐代鉴真东渡日本传汉文，今朝稻盛西飞中国授哲学"。我经常向他提问请教。稻盛先生总是很谦虚地与我们平等交流。稻盛先生亲切，谦逊，专注，有时还很幽默。他谈话时往往一下子就触及事情的核心。他说话充满哲理，娓娓道来，细致透彻。同他在一起，感觉特别舒服，同他交流是一种特殊的精神享受。

德薄才疏的我，竟然有缘同稻盛先生结识，竟然能在他亲自指导下工作。这样的幸运，这种幸福感，用笔墨实在无法表述。

同时，一股深深的感谢之情也会从心底里冒出，由衷感谢那些给我带来好运的人，甚至由衷感谢自己在命运中所受到的挫折。当然，对改变了我灵魂的稻盛先生，更是充满了感谢感激之情。

我当然非常喜欢、特别热爱这位老人家，从心底里佩服他，尊敬他，把他当作恩师，当作不二的精神导师，并尽我所能、不遗余力地传播他的利他哲学。

但是，我一贯反对神化他，我从来不用"崇拜"这个词。原因很简单，因为稻盛先生是人，用神的标准要求他，对他是不公正的。既然是人就难免犯错误，对个别的、具体的人和事，他难免判断失误。尤其是像他这样德高望重的权威人物，特别是年纪大了，负面的信息，逆耳的话题，往往送不到他的耳中。

但是，因为我相信他，相信他的哲学，抱着他教给我的"作为人，何谓正确？"这一信念，在有关的重要的人事问题上，尽管逆耳，我会把真实的情况和真实的想法如实向他汇报，哪怕惹他生气或不满。因为我直言不讳，毫不掩饰，还用辞尖锐，有一次他也确实生气了。但是后来，当他了解清楚真实情况之后，就毫不犹豫地亲自出手将局面扭转，那种魄力让我叹服。同时，他自己会认真反省，哪怕80多岁以后，依然如此，这是极其可贵的品质，对大人物来说，更是如此。

我最后一次见他是在 2019 年 10 月 1 日下午，在他的办公室里。主要是由我和一位副董事长向他汇报。这次他的话语很少，但头脑非常清晰。约 45 分钟后，我起身告辞。当我走到门口时，时年 87 岁的稻盛先生朝着我的背影，深情地说了一声："曹さん、有難う御座いました。"（曹先生，谢谢您了！）我禁不住心头一热，差点落下眼泪。

（8）关于"道"和"术"

稻盛先生强调，中国的圣贤是从根本的为人之"道"上教导日本人的。所谓"道"，就是阳明先生讲的"致良知"。我在"'致良知'和'作为人，何谓正确？'"一章中已经做了详细的分析。

在我的印象中，稻盛先生从来没有提到过《孙子兵法》，对许多人津津乐道的《三十六计》之类更是不屑一顾。

那么他是不是忽视"术"，或者说轻视企业经营中的战略战术呢？那也不是。

2013年7月16日在日本，中央电视台的记者这么问稻盛先生：

> 在企业经营中你倡导"以人为本""以心为本"。
>
> 就是说，你并不把产品技术、战略战术等放在首位，

而是强调人心，强调人的价值观最重要。这代表世界管理变革的趋势吗？有的人道德高尚，为人正直，却一直经商失败，这是为什么？

稻盛先生的回答很精彩。我觉得把稻盛先生这一段答复翻译出来，作为本书的结束语，非常适宜。

稻盛先生说：

我倡导的哲学强调的是人的心灵应有的状态，它应该成为人们思想的根基。在开展事业的时候，我提倡"利他之心"。不是以自我为中心，不是只考虑自身的利益，而是要考虑对他人、对社会、对环境也有利，要用一颗关爱体谅的"利他之心"来为人处事。

但是，不论是经营还是人生，牵涉到具体应该怎么做的时候，战略、战术也是非常重要的。这是需要我们用理性和理智来思考的。

也就是说，心灵中最根基的部分必须是"利他之心""关爱体谅之心"，把它们作为土壤，在此基础之上再用理性来思考新战略、新战术。

你刚才说："有的人道德高尚，为人正直，却一直经商失败",我认为这是因为他们在战略战术上比较薄弱,思考不足。

与欧美式思维方式不同的是,我强调必须把"利他之心""关爱体谅之心"作为心灵的根基,在此基础之上考虑战略战术。而欧美式思维方式则是以"利己"为根基,把满足个人欲望作为出发点来思考战略战术。

在构思和制定战略战术方面,我的努力丝毫不亚于欧美的经营者和技术者。比起他们来,我的战略战术也毫不逊色。

但是出发点至关重要,必须思考"作为人,何谓正确?",要在"关爱体谅之心"、"利他之心"的土壤之上考虑战略和战术。

所以,如果是以一颗美好的心灵经营企业却不顺利的话,那就应该在战略战术方面提升自己,加强这方面的学习,锻炼思路。也就是说,这些人在理智思考、理性思维方面还存在一些欠缺,有提升的空间。

进一步说,制定战略战术有两种思路,一种是在"利他"的土壤中培育战略战术;另一种是在"利己"的土壤中酝酿战略战术。

"利他"和"利己"都是人内心深处具备的土壤。

人们在这土壤之中，运用理性构思来推敲战略战术。

如果是以"利他"之心，以充满爱、真诚及和谐的美好之心、关爱体谅之心来思考战略战术的话，因为一切都是为社会、为世人，所以就不会产生矛盾，就会带来好的结果。反之，站在只要自己好就行的"利己"立场上，从满足自己的欲望出发，来制定战略战术，结果会怎样呢？有时候它也会对社会做出很大贡献，但有时候这种战略战术就会变成凶器，危害社会，危害他人。

所以，在哪片土壤之上构思战略战术至关重要。拥有美好的利他之心的人必定是一个高尚的人，这样的人如果在企业经营中不能取得成功，那我认为他就必须在战略战术方面下功夫，认真推敲和制定更高层次、更高水平的经营战略战术。

2021 年 2 月 18 日

后记

去年 12 月初，东方出版社的负责人向我提出一个建议，希望我写一本有关稻盛和夫和中国文化的书。这个建议触动了我，但因为杂事缠身，直到春节前，我才投入思考和写作。

为什么要写这本书？我想理由如下：

改革开放之前，在很长一段时间内，在许多方面，我们主要学习的是苏联模式。但是社会主义的计划经济，在实践中出现了比较严重的平均主义大锅饭倾向，导致经济发展迟缓，社会活力不足。

改革开放后，引进了市场经济和竞争机制，人们追求富裕的热情迸发出来，企业如雨后春笋般涌现。凭着聪明才干，凭着刻苦耐劳的精神，不少人取得了成功，获得了财富。中国经济也快速发展。

但与此同时，社会又从平均主义走向另一个极端，贫富悬殊的问题，腐败的问题，环境污染的问题，社会风气的问题，许多问题需要我们认真对待。

以美国为首的西方国家，在科学技术方面，在管理模式方面，特别在创新精神方面，有许多值得我们学习和借鉴的地方。"洋为中用"，我们也努力学习了，借鉴了。但是，西方国家特别是美国，以"自我为中心"的价值观，用绩效主义刺激人的欲望的发展模式，已经走到了尽头。美国的安然、安达信、世界通信等著名企业因舞弊而崩溃，特别是由次贷危机和雷曼兄弟的破产引发的世界性金融危机，证明了无限度地追求不断膨胀的欲望、追求自身利益最大化的现代资本主义出现了深刻的危机。而当今，西方特别是美国出现的诸多社会问题乃至混乱，也绝非偶然。

中国是一个历史悠久的大国，在几千年的历史风雨中产生的思想文化瑰宝，对于人们提升自身品格、打破自我中心，具有重大的意义。特别是以历代圣贤为代表，中国文化中一贯具备追求正确的为人之道的、深厚的思想底蕴。

但是另一方面，中国的典籍浩如烟海，博大精深。而"博大精深"往往淹没了"简单明了"。如何"古为今用"？人们往往不知道怎么做才好。

经过这几十年的快速发展，中国在世界舞台上已经举足轻重，中国对世界经济的贡献越来越大。但中国如何进一步赢得世界各国的信任和尊敬，特别是如何在思想文化方面对人类社会做出更大的贡献，这是一个极其现实、极其重要的问题。而从本质上讲，这个问题既不复杂，也不困难。

在这一点上，值得我们参考的就是稻盛和夫先生。在某种意义上讲，稻盛先生就是在现代商业社会，成功运用中国文化的精髓，取得卓越成功的典范。稻盛先生的"利他哲学"正在被世界上越来越多的人们所接受。

亲爱的读者，读完这本书，我相信您也会得出相同的结论。

俗话说，"墙内开花墙外香"。但是，墙内开花，墙内墙外一齐香，这才对啊！既然稻盛先生能够把中国文化运用得如此有声有色，我们中国人应该做得更好才对。难道不是吗？

在本书出版之际，我要向对本书提供了宝贵意见的赵

君豪先生、徐万刚先生、朴大勇先生、李军先生以及东方
出版社的张德军先生、许剑秋先生、姜云松先生、贺方女
士表示衷心的感谢。

2021 年 2 月 27 日